重庆市人文社科重点研究基地"重庆市统筹城乡……心"2022年课题"统筹城乡背景下'渝教云'智慧教育平台……一区……优质教育帮扶'两群'教育机制研究"（课题编号：JDKT202210）研究成果。
重庆第二师范学院儿童研究院重庆市儿童友好城市研究所资助

提质赋能：面向小学义务教育的"卓越教师"培养研究

魏 婷 ◎ 著

图书在版编目(CIP)数据

提质赋能：面向小学义务教育的"卓越教师"培养研究 / 魏婷著. -- 重庆：重庆出版社，2022.12
ISBN 978-7-229-17286-2

Ⅰ.①提… Ⅱ.①魏… Ⅲ.①小学教师 – 师资培养 – 研究 Ⅳ.①G625.1

中国版本图书馆CIP数据核字(2022)第251301号

提质赋能：面向小学义务教育的"卓越教师"培养
TIZHI FUNENG : MIANXIANG XIAOXUE YIWU JIAOYU DE "ZHUOYUE JIAOSHI" PEIYANG

魏婷 著

责任编辑：袁婷婷
责任校对：刘　刚
装帧设计：优盛文化

重庆出版集团
重庆出版社　出版
重庆市南岸区南滨路162号1幢　邮编：400061　http://www.cqph.com
三河市华晨印务有限公司
重庆出版集团图书发行有限公司发行
E-MAIL: fxchu@cqph.com　邮购电话：023-61520646
全国新华书店经销

开本：710mm×1000mm　1/16　印张：12.25　字数：220千
2023年3月第1版　2023年3月第1次印刷
ISBN 978-7-229-17286-2
定价：78.00元

如有印装质量问题，请向本集团图书发行有限公司调换：023-61520417

版权所有　侵权必究

前　言

现如今，全世界都十分注重卓越教师的价值和地位，并在大力进行卓越教师培养，基于此时代背景，以及我国社会经济转型和教育内涵模式发展的影响，培育拔尖创新人才和提升教育质量成为我国发展的必然选择。2014年8月，教育部印发了《关于实施卓越教师培养计划的意见》，提出要"培养一大批师德高尚、专业基础扎实、教育教学能力和自我发展能力突出的卓越教师"，并在之后公布了一些有关卓越教师培养计划的通知，引起了教育界的广泛关注。

卓越小学教师是卓越教师群体的一个重要组成部分。相较而言，卓越小学教师对个体发展与社会进步起着奠基性的作用。这是因为，从个体层面上来说，小学阶段是学生成长的关键期，这一时期所接受的教育将对学生的学习习惯、学习品质、学习方法、基础知识等产生很大的影响，将在一定程度上影响学生正确人生观、价值观和世界观的树立。从社会层面上来说，小学生是祖国的未来、民族的希望。因此，实施优质的小学教育对学生个体积极、健康、主动地发展，对社会的繁荣与进步均具有重要作用。而优质的小学教育则有赖于卓越小学教师去实施。

尽管卓越小学教师至关重要，但是，当前我国卓越小学教师培养尚处于起步阶段，因此，作者特撰写了《提质赋能：面向小学义务教育的"卓越教师"培养研究》一书，希望通过本书可以为教育工作者和即将走上教育岗位的学习者提供借鉴和启迪，并能对卓越教师的培养有所帮助。

全书一共分为九章进行论述。首先，本书在绪论部分探讨了卓越教师研究的缘起、理论基础；其次，论述了卓越小学教师的基础认知，包括卓越小学教师的价值需要、卓越小学教师的共性特质、卓越小学教师的品德结构、小学教师成就卓越的归因分析；再次，分别从卓越小学教师的专业能力、卓越小学教师的专业发展、卓越小学教师培养标准的构建、卓越小学教师培养的探索与实践、卓越小学教师培养的对策与建议等方面进行论述，全方位讨论了如何培养卓越小学教师；最后，本书在对西方发达国家卓越小学教师培养模式进行分析的基础上，提出了如何对我国卓越小学教师进行全方位培养。

  本书在写作过程中参阅了大量有关卓越小学教师培养的文献与资料，同时为保证论述的准确与全面，本书引用了许多专家与学者的相关研究成果与观点，在此表示诚挚的谢意。由于卓越小学教师培养涉及的内容比较宽泛，书中不免有疏漏之处，恳请广大读者批评指正。

作　者
2022 年 3 月

目 录

第一章 绪 论 ·· 1
  第一节 卓越教师的研究缘起 ·· 1
  第二节 卓越教师的内涵 ··· 4
  第三节 卓越教师研究的理论基础 ··· 11

第二章 卓越小学教师的基础认知 ··· 16
  第一节 卓越小学教师的价值需要分析 ·································· 16
  第二节 卓越小学教师的共性特质 ··· 19
  第三节 卓越小学教师的品德结构 ··· 23
  第四节 教师成就卓越的归因分析 ··· 28

第三章 卓越小学教师的专业能力 ··· 34
  第一节 卓越小学教师的职业角色定位 ·································· 34
  第二节 卓越小学教师的专业能力要求 ·································· 39
  第三节 卓越教师培养背景下小学教师专业能力训练目标 ······· 45

第四章 卓越小学教师专业发展 ·· 53
  第一节 卓越小学教师专业发展的缘起与研究进程 ·················· 53
  第二节 卓越小学教师专业发展内涵与模式 ··························· 68

第五章　卓越小学教师培养标准的构建 ······ 89
第一节　卓越小学教师培养标准的制订 ······ 89
第二节　基于培养标准的卓越小学教师培养模式的构建 ······ 91

第六章　卓越小学教师培养探索与实践 ······ 95
第一节　我国卓越小学教师培养的背景分析 ······ 95
第二节　卓越小学教师培养的价值取向的实现 ······ 97
第三节　卓越小学教师培养"四位一体"路径 ······ 108

第七章　卓越小学教师培养的对策与建议 ······ 119
第一节　重构卓越小学教师的培养目标 ······ 119
第二节　开发基于卓越小学教师的课程体系 ······ 121
第三节　实施基于卓越小学教师的教学改革 ······ 123

第八章　西方发达国家卓越小学教师的培养模式及启示 ······ 126
第一节　美国卓越小学教师培养模式 ······ 126
第二节　英国卓越小学教师培养模式 ······ 129
第三节　加拿大卓越小学教师培养模式 ······ 131
第四节　澳大利亚卓越小学教师培养模式 ······ 133
第五节　西方发达国家卓越小学教师的培养模式对我国的启示 ······ 134

第九章　卓越小学教师的全方位培养与提升 ······ 137
第一节　卓越小学教师专业理念的培养与提升 ······ 137
第二节　卓越小学教师专业能力的培养与提升 ······ 150
第三节　卓越小学教师的个性化发展 ······ 173

参考文献 ······ 184

后　记 ······ 187

第一章 绪 论

第一节 卓越教师的研究缘起

一、教师教育政策的需要

21世纪以来,我国对教师教育极为重视,并出台了一系列文件。譬如,2010年7月,国务院印发了《国家中长期教育改革和发展规划纲要》(2010—2020年)(以下简称《教育规划纲要》)。《教育规划纲要》明确提出:"严格教师资质,提升教师素质,努力造就一支师德高尚、业务精湛、结构合理、充满活力的高素质专业化教师队伍。"[①] 2011年10月,教育部颁布了《教师教育课程标准(试行)》,该文件分为基本理念、教师教育课程目标与课程设置、实施建议等三个部分。2011年10月,教育部颁布了《教育部关于大力推进教师教育课程改革的意见》,该文件主要包括创新教师教育课程理念、优化教师教育课程结构、改革课程教学内容、开发优质课程资源、改进教学方法和手段等十个方面的内容。2014年8月18日,教育部颁布了《关于实施卓越教师培养计划的意见》(以下简称《意见》),主要提出了如下建议与要求:一是明确实施卓越教师培养计划的目标要求;二是分类推进卓越教师培养模式改革;三是建立高校与地方政府、中小学"三位一体"协同培养新机制;四是强化招生就业环节;五是推动教育教学改革创新;六是整合优化教师教育师资队伍;七是加强卓越教师培养计划的组织保障。《意见》中的建议与要求为我国卓越教师

---

① 顾明远,石中英.国家中长期教育改革和发展规划纲要(2021—2020年)解读[M].北京:北京师范大学出版社,2010:374.

培养提供了一定的政策依据与保障，也昭示着卓越教师培养将成为未来教师教育的一个重要领域。然而，我们仔细阅读《意见》中的具体内容却不难发现，其中的许多规定只是原则性、方向性的，在实践中还缺乏操作性，尤其是在《意见》中并未明确规定卓越教师应达到何种专业标准，以及要真正成为卓越教师应该采取哪些具体的培养路径。这就使从事卓越教师培养的实践工作者与理论工作者深感困惑。这种状态无论对卓越教师培养的实践操作还是理论研究都是极为不利。因此，为了使我国培养高素质教师的政策能真正得到落实，我们急需对卓越教师培养工作进行系统、深入的研究，尤其应关注卓越教师专业标准的建构及培养路径的选择等相关问题。

二、优质教育的提倡

随着岁月的更迭与社会的转型，人们对优质教育的需求越来越强烈。但现实情况是，我国幅员辽阔，地区差异大，教育资源分布不均衡，各地的教育水平不一，这与人们对优质教育的需求极不相符。"提高教育质量的关键在于教师的教学能力与个人素质。因此，培养一支具有高素质、高技能、专业精的教师队伍也已成为国家、社会、家长与学生个人的共同关切。"

卓越教师是优秀教师群体中的杰出者，要实现教育质量的提升，必须培养出大批卓越教师。从个体层面而言，小学阶段是学生成长的关键期，这一时期所接受的教育将对学生的学习习惯、学习品质、学习方法、基础知识等产生很大的影响，将在一定程度上影响学生正确人生观、价值观和世界观的树立。从社会层面而言，学生是祖国的未来、民族的希望。因此，实施优质的教育对学生个体积极、健康、主动地发展，对社会的繁荣与进步均具有重要的作用。而要实施优质的教育必须拥有一大批知识渊博、教学能力出众、师德高尚的卓越教师。概言之，当前，在实现教育优质均衡的呼声越来越高的背景下，培养卓越教师，尤其是培养卓越小学教师已经成为一项迫在眉睫的任务。许多学校已经就卓越教师的培养进行了积极的探索。然而，对于如何更加科学、合理地培养卓越教师，相关行为主体的责任应如何划分等问题还不太明晰。因此，从学理层面对卓越教师的培养问题进行系统的研究就显得极为紧迫。

三、新课程改革纵深进展的现实挑战

21世纪初，我国进行了新中国成立以来的第八次基础教育课程改革。这次课程改革无论是力度还是强度，都远远超过以往的课程改革。我国选择在新世纪初进行这样规模宏大的课程改革，是出于以下原因。其一，我们正处于经济全球化、科技信息化及追求人的个性化这样一个特殊的时代，这就从客观上要求我们必须实施基础教育课程改革，为学生提供一种民主、科学、开放的基础教育课程，以便学生能应对新世纪政治、经济、文化、科技等领域的新挑战。其二，我国长期以来形成的"升学主义"①价值取向，导致广大学生、教师、家长乃至社会人士压力重重，不堪重负。为了减压增效，有必要进行课程改革。其三，传统的基础教育目标严重错位。长期以来，我国基础教育中普遍存在着重知识、技能传授，轻情感、态度、价值观培育的不良倾向，导致所培养出来的学生虽然文化知识丰富，却出现道德滑坡、人格缺损等问题。为了避免培养出更多"单向度的人"，有必要进行基础教育课程改革。其四，人类的生存与发展面临着前所未有的困境，这种困境表现在两个方面，一方面是人与自然的和谐关系遭到破坏，另一方面是人的精神力量、道德力量的式微或丧失。为了使人类摆脱困境，基础教育课程应有所作为。与以往的基础教育课程改革不同的是，本次新课程改革提出了六项具体目标：一是体现课程结构的多样性、均衡性和选择性；二是实现课程功能的转变；三是加强课程内容与现实生活的联系与实用价值；四是转变学生的学习方式；五是建立与素质教育理念相一致的多元评价制度；六是实行三级课程管理制度。

  毋庸置疑，教师是基础教育改革最直接的落实者与责任人。基础教育课程改革所提出的相关目标要想有效落实，教师必须具备与课程改革相匹配的能力与素质。但是，令人遗憾的是，当前，许多教师的能力还难以满足新课程改革的要求。新课程改革要顺利推展，卓越教师的培养自然是题中应有之义。

---

① 升学主义是指将"考上好的学校"视为人生唯一出路的想法。在这种观念下，中学生（甚至小学生）的主要目标就被卡在念书准备考试上，其他的人格发展、自我探索、合作能力和创造力培养都被漠视了。

第二节 卓越教师的内涵

如何培养卓越教师才能达到预期效果？回答这个问题的关键在于明确何为卓越教师，即卓越教师的规格如何。因为卓越教师的培养路径和方法的选择关键在于要满足这一规格的要求。所以，欲探究如何进行卓越教师的培养，首先必须考量卓越教师的属性及其维度。可见，对卓越教师的内涵把握是卓越教师的培养机制、培养模式、培养方法思考和选择的先决条件。

一、卓越教师的概念

自从2010年教育部启动卓越人才培养计划，在法律、医学、工程、教育等领域的卓越人才的培养逐渐从背后的预设到现实的台前，对教育行业的卓越人才的培养同时提上日程，尤其是2014年的卓越教师培养计划实施以来，"卓越教师"逐渐出现在教师发展和教师培养的相关文献中。可见，卓越教师培养业已成为教师教育中一个重要的研究领域和研究热点。关于卓越教师的概念界定，一方面由于其出现的时间较短，相应的界说较少；另一方面，许多实践者甚至研究者把它当作一个既定的术语使用，而没有考量其含义。总之，纵观相关文献，关于卓越教师的界定较少。可见，卓越教师的概念有必要进一步厘清。

"卓越教师"这一术语更多地是和人们对教育质量及教师队伍素质的愿景相关。在教育行业，人们通常把符合自己意愿的能够较好胜任教育教学工作的教师称为"优秀教师""先进教师"，后来又相继出现"教学名师""骨干教师""专家教师"等。自从21世纪的卓越人才培养的一揽子计划出台后，在教育行业，由于人们期待有卓越的育人者和教学者，因此"卓越教师"这一术语深入人心，甚至没有人质疑这一术语的含义及本身是否具有独特的属性。因为这些称号寄托着人们对卓越教师的憧憬，同时表征人们对我国教育质量提升的期许和要求。在西方国家，"卓越教师"多被表述为通常以"excellent teachers""great teachers""outstanding teachers"等形式出现，无论哪种表达方式，都蕴含着教师必须具有的优异或卓越这一属性，只是汉语中"优异"和"卓越"似乎在表达优秀的程度上不尽相同，"卓越"似乎达到了人们渴望的顶级水平。可见，卓越教师的关键是比一般意义上的好教师要更具有优良的属性。

"卓越"一词在词典中的解释是"非常优秀，超出一般"，可见卓越教师是高于合格教师或优秀教师水平的教师。关于卓越教师的界定，以描述性概念为主，即具有哪些特质才能成为一名卓越教师。2014年教育部正式颁布的《教育部关于实施卓越教师培养计划的意见》(以下简称《意见》)对卓越教师的培养提出了总体要求：师德高尚，专业基础扎实，教育教学能力和自我发展能力突出的高素质，专业化。并进一步提出卓越中学教师和卓越小学教师的规格要求，即卓越中学教师应具有信念坚定，基础扎实，能力突出，能够适应和引领中学教育教学改革等属性，卓越小学教师必须热爱小学教育事业，知识广博，能力全面，能够胜任小学多学科教育教学的需要。《意见》对卓越教师规格的描述，大致给出了卓越教师的定义，因此相继而来的关于卓越教师研究中对卓越教师的定义大都属于描述式。

石洛祥等认为，具有丰富的学科专业知识和教育教学知识、从事教育工作的优秀道德品质和知识能力、胜任并关注教书和育人三个方面的特质的教师属于卓越教师。[1]

李琼等通过对815名北京教师的判别分析发现，中小学卓越教师具备三个关键的共同特征，即在教学组织与管理、学科教学知识储备、教学反思与研究等方面都表现优秀。[2]

杜瑞军运用访谈法，通过对50位教学名师的访谈，发现卓越教师具有科学合理的学科知识结构与教学理论，娴熟的课堂教学技巧，良好的职业认同、师生关系及教研关系。[3]

由以上关于卓越教师的界定可以看出，尽管不同学者对它有不同的解说，但是这些解说有明显的共同点。首先，视角相同。这些观点，都是从属性特征角度出发，根据事物所具有的特征这一角度进行卓越教师的概念界定。其次，界定方法相同。这些观点都采用了描述式的方法进行卓越教师的界定。他们都

---

[1] 石洛祥，赵彬，王文博.基于卓越教师培养的教育实习模式构建与实践[J].中国大学教育，2015(5)：77-81.
[2] 李琼，吴丹丹，李艳玲.中小学卓越教师的关键特征：一项判别分析的发现[J].教育学报，2012(4)：89-95.
[3] 杜瑞军.从教学学术到教学实践：卓越教师基本特征探析[J].新疆师范大学学报（哲学社会科学版），2014(2)：119-126.

从卓越教师应该具有的属性角度对它进行定义。但是这些对卓越教师的界定似乎忽视了卓越教师的"卓越"属性,"卓越"就像合格教师中的限定词"合格"以及优秀教师之限定词"优秀"一样,这些词具有表述优劣程度的特点。据此,对卓越教师的界定不仅要具有属性特征的规定,更要具有水平及程度的限定。当然,在"卓越教师"这一概念提出的背后,并不是要求所有的教师在入职之前就成为卓越的教师,而是对教师的素质和能力的一种期待,期待整个中小学教师队伍都能够具有高水平素质和强大的教学能力,这是一种教师教育的培养理想。"卓越教师"的称号承载的是期望,是期望广大教师都能够高水平地完成教育教学任务,能够通过他们的工作和付出,极大地提升基础教育质量,能够完满实现为青少年的成长提供有效助力的目标。

据此,本书认为,卓越教师指的是具有高尚师德和突出的学术能力及专业能力的合格教师。卓越教师首先是一名合格教师。合格首先指的是教师按照中小学教师培养方案的规定,保质保量地完成相应的课程修习;其次指的是教师在完成培养方案中的课程修习后,取得相应的教师资格证。这是成为卓越教师必须达到的基本要求和标准,也是成为卓越教师的前提条件。在达到成为卓越教师基本条件和基本标准后,合格教师必须具有高尚师德、突出的学术能力和专业能力。高尚师德是建立在优秀的社会道德基础上的高尚职业道德。卓越教师首先要具有良好的道德素质,良好的道德素质是教师作为优秀公民的良好素质,而高尚的职业道德是良好的公民素质在职业中的反映,即使是一般教师也应该具有高尚的师德,所以本书认为,卓越教师和一般教师的区别主要在于学术能力和专业能力两个方面。

学术能力和专业能力分别表征不同的主体,以及不同的主体应该具有的相应的知识、技术和能力。

学术能力是从学科发展的角度予以论说,其主体是学术教师。作为学术教师的个体,其学术能力首先表现在学科知识方面,即必须达到处于本学科和本学段毕业生应该达到的水平。处于某一学段的学习者在完成该学段应该修习的课程后,必须具有该学段培养方案所期待的知识水平,这是学术素质对所修习的相应学科知识的规格要求,表明了学术教师应该具有的学术知识。其次表现为学术技术和能力。作为学术教师的个体,其能够谙悉本学科的学术研究范式,了解本学科的学术发展轨迹及学术前沿,并能从事本学科的学术研究,为本学科的学术发展做出一定的成绩。

专业能力是从职业发展的角度对教师主体进行审思和考量，所以教师主体也可以称为专业主体。这一主体在面对自己的职业时，必须具有丰富的专业知识和过硬的专业技术能力。丰富的专业知识是专业主体区别于其他职业者的两个关键环节中的一环，另一环则是专业技术能力，这两个环节也是教师主体区别于其他职业主体的典型表征。专业知识是专业主体从事某一专业实践的理论依据和理论基础，就教师而言，它包括教育知识和教学知识；专业技术能力是专业主体把专业知识应用于专业实践的能力及从事专业实践所必须掌握的技术的能力。这两者虽然看上去可以分割开来，但是在教学实践中，无论缺失哪一方面都会造成专业能力的低下及专业实践的低效甚至失败。在界定了专业能力和学科能力之后，需要明确的是"突出的学术能力及专业能力"中的"突出"。本书认为，"突出"指的是能够顺利从事相应职业并能够在实践中运用已有的专业知识进行专业建构的程度，如果在实践中遇到问题，能够运用所学的知识和技能进行恰当的处理，并能使专业实践行为得以顺利延续的程度。可见，"突出"这一词语所表达的程度是顺利或经过努力得以顺利的程度。因此，卓越教师是一种应然的期许和实然的效果相结合的产物，是理想和现实相契合的图景，是学习和实践相耦合的活动结果。可见，卓越教师的达成是一个过程，是一个培养和职后培训相结合的发展连续体。

二、卓越教师的特征

卓越教师不同于一般教师的关键是对"卓越"的理解，卓越不仅表现在对知识和技能拥有的丰富上，也表现在实践中对知识和技能的把握与驾驭的娴熟上。这种界定其实是从两个方面对教师进行限定或者进行身份标签的。这两个方面分别是学科性和专业性，即卓越教师具有鲜明的学科性和突出的专业性。

首先，卓越教师具有鲜明的学科性。关于学科性，教师教育的实践者和研究者都不会感到陌生，因为我国的师范教育自20世纪80年代开始，一直具有明显的学科性，其明显而直接的证据是不同学科的教师培养都是在相应专业的二级专业中进行。比如，在三级教师教育时期，英语教师的培养通常是在英语系下面的英语教育系进行，而随着师范教育从三级教育向二级教育转变后，英语教师的培养通常是在外语学院下的英语教育系中进行。英语教育专业的学生所学的课程除了英语教学法和教育学与心理学之外，基本都是和英语文化、英语文学相关的知识，而英语教育教学知识和与教学技能相关的知识的教学明显让位于英语知识和文化。直到新一轮基础教育课程改革开始，我国开始把师范教育改为教师教育，开始出现教师教育学院或教师教育系，教师培养似乎开始被削减了学科性。这主要表现在小学教师培养上，而中学教师培养在许多院校依然属于相应学院，属于相应学院的二级学科，如英语教师的培养在许多师范院校依然隶属于外语学院，是外语学院的一个二级学科，而不是属于教师教育学院。在西方国家，尽管教师教育在综合类大学出现，却有其独立的培养单位的形成。

卓越教师应该具有显著的学科性这一观点，究其原因，最根本的影响因素在于我国对高等院校所培养人才的学术素质和学术能力的追求。高校人才的培养有其鲜明的目标预设，那就是为本学科培养专业人才，即专业实践人才或者专业研究人才。既然是专业人才，那么就必须有本专业的专业烙印，即学术性。学术性首先表现为拥有丰富的学科知识，其次表现为具有学科研究能力。学科知识彰显该学科的理论知识图景和研究成果，学科研究能力表征本学科的发展所赖以生存的学术范式。学科知识要求高校所培养的人才必须修习本学科的专业课程，在培养方案中一般表现为学科共同课或学科基础课及专业主干课或专业核心课，这些课程都是紧紧围绕着学科知识开设的，以便凸显本学科的文化、科学知识和研究成果。学术研究能力由学术研究知识和学术研究技术构成，目的在于使该学科修习者在完成相应的课程学习后，掌握本学科的知识，拥有发展本学科的能力。

学术性是高等院校的学习者区别于初等教育和中等教育的学习者的根本属性，同时映射出接受高等教育后，学习者应该具有的最能彰显其自身素质的是学科文化知识和学科技术能力，尤其是学科文化知识。在注重知识和智力发展的时代，尤其是在日常概念中，知识等于智力的年代，学科知识显得更重要，所以在经过几年的高等学校的学习后，能够表征其学术性的就是所学课程及表征具体化学科知识的成绩。这个成绩即便只能代表学术性的一个部分，却依然被固执地认为是完全代表学术性。对于卓越教师来说，其学术性一方面表现为优异的学科知识，即优秀的成绩；另一方面表现为顺利地把这些学科知识应用到学科实践和学科理论研究中去。因为，教师最基本的职责首先是要传授知识给学生；然后是通过知识的传授，对学生的人格、意志、情感等进行直接或间接的指导或熏陶，以促进学生在道德品质、智力、情感和意志等方面的发展。

突出的专业性则是卓越教师的第二个根本属性。教师的专业性在我国的教师培养和教师职业生涯中，一度被它的学术性所遮蔽。专业性被提出从而得到重视，始于21世纪的基础教育课程改革。中华人民共和国成立之初，百废待兴，科技落后，人才短缺，国家的建设、社会的进步都急需拥有知识的人才，对知识的占有成为衡量人才的重要标准。改革开放伊始，社会对知识的重视达到前所未有的程度，教师的专业化培养备受重视。于是，在教师的培养过程中，无论是课程的设置，还是教学方式方法，都显示了对教师的学术性的重视高于对教师的专业性的重视，对教师学历的重视也表征了对学术性的重视，当然这也体现了社会的发展需要人才的学历提升。进入21世纪后，我国开启了新一轮基础教育课程改革。这次基础教育课程改革对教师提出了较高的职业要求，要实现这些要求，教师不仅要具有以往所没有的一定的课程知识，即课程理论知识和课程研究知识，还必须具有不同于以往的教学知识和教育知识，所有这些课程知识、教学知识和教育知识背后的支撑不同于以往的教育教学理念。

新的教育教学理念认为：学习者不仅具有共性，也具有差异性；教育教学场域是学习者的生活和成长的空间；教学事件具有一般性也具有偶发性。所有这些观念都需要教师必须熟悉教育教学场域中的教学主体和教学客体，并随时准备处理在这里即时发生的教学事件。然而，不论是教育教学主体，还是教育教学客体，或是教育教学事件，都有其差异性，这种差异性决定了它们的特殊性和不可复制性。因此，流变性和不确定性是教育教学现场突出的特点。这两个特点表明了教育教学时空的流转及教育教学事件的偶发性和复杂多变性，尽管也会有其相似的地方。由此，教师若要随时解决这些偶发性、随机性和多变性教育教学事件，就必须拥有丰富的专业知识和突出的专业能力。具有随意性、偶发性、多变性和具体性的教育教学实践决定了教师必须具有突出的专业性。

专业性表征的是职业的差异性及从事不同职业所必须具有的知识和技能。教师的专业性是教师区别于其他职业的本质属性，体现为教师从事教育教学所必须具备的特殊的知识和技能，这些知识和技能的显著特点是教育性和教学性。由此可见，教师的专业性表现为其职业性，是教师从事其职业所必须具有的最基本的职业属性，即教育性、教学性。关于教育性和教学性，德国的哲学家及教育家赫尔巴特①曾经给予阐释，他认为教学永远具有教育性。自赫尔巴特提出这一观点后，教学具有教育性成为一个公理性的存在而被教育者使用。教学具有教育性说明教学在传播科学知识的同时，教育性和人文性同时伴随着教学的展开而显现，得到学生的接收和编码从而成为学生自身的一个部分，融入他的人格中，蕴含在他的精神世界中，体现在他的行为方式中。但是对教师这一职业来说，教育性和教学性必须统一存在于教师的身份中，体现于教师的职业活动中。

卓越教师的教育性指的是教师具有"化人"的能力。教育性表明教师的职业活动功能之一是对受教育者进行教育，具体来说，是依据学生的年龄特点对学生进行教育。根据教育的英语表达方式 education，教育最基本的意涵是"诱导""引导出"。那么，教师应该诱导什么？应该引导出什么呢？厘清这两个问题，实际上就明白了教育性的含义。教育的根本职能是促进学生的社会化，使学生能够更快更好地从"自然人"转变成为"社会人"。"自然人"和"社会人"最明显的区别就在于人是否脱离了野蛮归于理性，脱离蒙昧归于文明。文明又有物质文明和精神文明之分。学校教育的功能表现为对学生进行精神文明的涵化。文化是教师对学生进行精神文明改造的凭借，即以文化之，使学生具有精神文明的表征和内涵。而教师"以文化之"的方法确实不易得，因为学生是具有自己的独特性、具有自己独立思想的人，若想改变其思想，净化其灵魂，坚实其意志，丰富其情感，教师必须在有能力并且能够做到把教育融合在教学日常的职业活动中。

卓越教师的教学性体现为丰富的教学知识和娴熟的教学技能。教学知识和教学技能是教师知识的一部分，是教师从事教学的倚仗。教学知识关注的是什么是教学，如何进行教学；教学技能关注的是如何把教学知识转化为显性的教学行为方式。所以，教学知识是对教学的指导，具有缄默性，而教学技能是对教学的具体实施，具有显在性。丰富的教学知识能够使教师的教学设计更具有科学性和艺术性，娴熟的教学技能能够使教师的教学操作如行云流水般顺利实施。但是，教学设计和教学操作的最终目的是使学生在获得文化知识的同时，

---

① 赫尔巴特（Johann Friedrich Herbart，1776—1841）是19世纪德国哲学家、心理学家，在西方教育史上，他被誉为"科学教育学的奠基人"，在世界教育史上被称为"教育科学之父""现代教育学之父"，而反映其教育思想的代表作《普通教育学》则被公认为第一部具有科学体系的教育学著作。

会使用文化。学生作为具有思想和灵魂的个体,如何能够在教师的诱导下,积极主动地获取知识,主动学习与使用文化?这是卓越教师必须弄明白的问题。答案是教师拥有教育知识。支撑卓越教师进行教学设计和教学操作并使其完美开展的是恰切丰富的教育知识。可见,丰富的教育知识、教学知识及娴熟的教学技能构成了卓越教师的教学性。

据此,除了所有教师都必须拥有的职业道德外,鲜明的学术性和突出的专业性构成了教师的卓越性。首先,卓越教师必须具有广博的学科知识、恰切的教育知识和丰富的教学知识。其次,卓越教师必须具有较强的学术技能和娴熟的教学技能。这些知识和技能相互融合,共同造就具有突出教学能力的卓越教师。

第三节 卓越教师研究的理论基础

一、马斯洛需要层次理论

被誉为"人本主义心理学之父"的美国心理学家马斯洛[①]于1943年在其论文《人的动机理论》中指出人类动机理论的核心是人类的需要层次理论,并将需要由低级到高级分为五个层次加以阐述,这五个层次分别为生理需要、安全需要、归属与爱的需要性、尊重的需要及自我实现的需要。马斯洛将五个层次划分为匮乏性需要与成长需要:前四个层次的需要属于匮乏性需要,它们的满足很大程度上依赖外界环境;而自我实现的需要则属于层次较高的成长性需要,它主要依赖于人自身,是建立在前四种需要都被满足的基础之上。这五个层次的需要是依据从低到高的顺序呈金字塔状排列的,但并非说这五个层次的需要是阶梯式发展的。

人是同时存在多种基本需要的,只是在不同时期优势需要不同。对教师而言,其专业成长就是一个需要不断被满足、逐步进行自我实现的过程,能够成长为卓越教师的小学教师必然不能仅仅停留在低层级需要的满足上。他们在不

[①] 亚伯拉罕·马斯洛(Abraham H. Maslow)是美国著名社会心理学家,第三代心理学的开创者,提出了融合精神分析心理学和行为主义心理学的人本主义心理学,于其中融合了其美学思想。他的主要成就包括提出了人本主义心理学,提出了马斯洛需要层次理论,代表作品有《动机和人格》《存在心理学探索》《人性能达到的境界》等。

同时期及职业生涯的不同阶段对自身专业成长的需求也是不同的,在这个过程中,他们对自身及教育教学的看法也必然发生相应的转变。因此,研究卓越小学教师在其专业成长中外部教育环境与自身内部专业需求变化之间的关系是相当有必要的。

二、怀特海过程哲学理论

英国数学家、哲学家及教育理论家阿尔弗雷德·诺斯·怀特海(Alfred North Whitehead)①提出了极为庞大复杂的过程哲学。他认为,实际世界就是一个实际实有生成的过程。

过程哲学以过程为根本,认为所有事物都是在过程中生成的,且在过程中展现自我,整个过程立足现在,继承过去,面向未来,而整个世界都是流动生成的过程,过程即实在,实在即过程。在过程哲学中,对现实世界有两种描述:一种是对它在其他现实生成过程中客体化的分析;另一种是对构成现实的资料自身生成过程的分析。

过程哲学思想提倡个体生成的过程是根本的,个体生成是有节奏的。浪漫、精确、综合运用这三个阶段共同组成人生的每个阶段。个体生成是给定性与潜在性的统一,创造性与关系性的统一,它是阶段性螺旋上升的满足。在个体生成过程中,当完成某一个阶段的目标之后仍然会产生接下来无数阶段的不满足。"给定性"在不断增长的同时,"潜在性"也在不断扩展。

教师专业成长是个体生成的过程,根本在于过程性。教师个体由普通教师成为卓越教师的过程不是一蹴而就的,也并非只是对目的榜样进行短暂肤浅的模仿而成的,而是通过有节奏、分阶段完成自己的目标,根据自我的"给定"和"潜在"寻求与自身相契合的客观资料,并将其通过某种恰当的方式纳入自我主观满足的构成。个体生成不是一厢情愿的过程,教师的专业成长也不是。在过程哲学的视域下,通过描述卓越教师的专业成长历程并着重提取从普通教师到卓越教师过程中的微观因素,将这些被提取出的微观因素进行放大与细化,进而从根本上对卓越教师的专业成长历程进行深入探究。每个人都是独立

---

① 阿尔弗雷德·诺斯·怀特海(Alfred North Whitehead,1861—1947)是英国数学家、哲学家和教育理论家,过程哲学的创始人。他与伯特兰·罗素(Bertrand Russell)合著的《数学原理》标志着人类逻辑思维的巨大进步,是永久性的伟大学术著作之一。他同时也创立了20世纪最庞大的形而上学体系。

的个体，因而每一位卓越教师的生成过程都是与众不同的，或多或少会受到外在环境、个人知识背景、发展的潜在与给定等因素的影响。当与各种环境要素达成一致的时候，个体便能顺利朝着目标个体迈进，最终得到生成。

过程哲学中所提倡的个体具有流动性、生成性、连贯性和情境性等特征，与教师专业成长中的连续性、曲折性、动态性相契合，为教师专业成长的进一步研究提供了崭新视角，并揭示卓越教师专业成长历程的价值。

三、非连续性教育理论

非连续性教育理论是由德国著名教育人类学家博尔诺[①]在其著作《教育人类学》中提出的，以存在主义哲学和生命哲学为基础予以充分的论述。博尔诺夫（Otto Friedrich Bollnow）认为，人的生命发展是连续性与非连续性的统一，连续性意味着生命进程的平静、稳定状态，而非连续性是连续性的中断。相应地，人类的教育也存在着连续性和非连续性的形式。

所谓连续性教育就是按照人的连续发展的一般规律而施加连贯、系统的教育，但是人的发展并不都是连续性的，人在发展过程中必然会经历一些非连续性事件，这些非连续性事件主要是指人在生命发展进程中出现的波折、动荡，对自我生成具有重要意义。博尔诺将危机、遭遇、唤醒、告诫与号召等视作非连续性的教育形式。博尔诺的非连续性教育理论为教师专业成长提供了一个新的理论视角：教师的专业成长是连续性与非连续性相统一的过程，既包括持续稳定平静的连续性过程，也包括偶然突发动荡的非连续性过程。

四、终身教育理论

1965年，法国成人教育家保罗·朗格朗（Paul Lengrand）首次提出"终身教育"这个概念，直至1996年《教育——财富蕴含其中》的问世才使得终身教育以理论的方式存在。他认为：把人的前半生看作接受教育，后半生用于工作，这是毫无凭证的，学校教育是众多不同教育阶段中的一个；教育应该是在人的一生中持续进行的；今后最为理想的教育应该是在人们需要的时刻能够提供必要的知识和技能。

[①] 博尔诺（Otto Friedrich Bollnow，亦译"博尔诺夫"），德国教育学家、哲学家、教育人类学家，教育人类学的创始人之一，曾任德国教育学会主席。创立了教育学领域中人类学考察方式的"解释学-现象学方法"，还著有《朴素的道德》《存在主义哲学与教育》《教育中的人类学考察方式》《言语与教育》《人类学视野中的教育》《对话教育》等。

终身教育理论的发展经历了初创期（1965—1970年）、转换期（1970—1985年）、政策化和法制化时期（1985年至今）这三个阶段。终身教育理论最终目标是实现学习型社会，即学习是为了提升人的修养和生活品质，而不再是为了知识或是经济利益和职业需求，以最终实现人的"贤、乐、善"为根本。教育与学习应该伴随着人的整个生命历程，教育与学习的最终价值旨归指向人的发展。

卓越教师能从新手型教师逐步成长为专家型教师，无可置疑，这是他们在这期间不断学习的结果。因此，对卓越小学教师专业过程的研究应考察其成长环境、发展阶段，把教育教学之外的生活因素与教育教学影响因素结合起来，将职前与职后连贯起来。

五、教师专业发展理论

20世纪60年代，富勒编制的《教师关注问卷》拉开了教师专业发展理论研究的序幕。自此，教师专业发展的内涵、阶段等成为学者们的研究热点，目前已积累了大量的理论成果。对于教师专业发展的阶段，富勒提出了教师关注的四阶段论，卡茨提出了教师发展时期论，司德菲提出了教师生涯发展模式，伯曼提出了教师职业生命周期论。[1]

而对教师专业发展的理解，综合各家观点，是以教师在专业领域内实现自我发展为宗旨，不断习得教育专业知识与技能，实现教师专业理念、知识、能力的发展过程。

教师专业发展理论有自主性、阶段性、终身性三种特征。首先，教师应发挥主体性。教师专业发展的主体是教师，缺少了教师的自主性，就不可能有教师专业发展。其次，教师专业发展过程呈现出阶段性。教师需要通过不断的学习与实践，才能提高其专业能力。最后，教师的专业发展是一个持续性的过程，贯彻于其职业的始终。这种持续性一方面体现为时间上的延续，另一方面体现为专业内涵的不断拓展。教师专业发展的过程就是教师通过持续不断的自主学习，达到专业成长的漫长的、动态的过程。卓越教师的专业发展也具有阶段性：师范生经过培养阶段，在毕业后，需要经历入职适应、职后发展等几个阶段，从初任教师逐渐成长为合格教师、优秀教师，才能最终成为卓越教师。

---

[1] 陆伟，葆乐心.教师专业发展阶段论对教师教育工作的启示[J].中国成人教育，2014(24)：126—128.

在此过程中,其核心素养逐渐形成,并不断发展。构建卓越小学教师核心素养体系,可为教师专业发展理论添砖加瓦,为教师的专业发展提供指引。

六、建构主义学习理论

建构主义学习理论最初是由瑞士心理学家皮亚杰[①]提出的。该理论认为,学习的过程是自身主动建构知识的过程,其核心理念是"知识应该是由认知主体主动建构的,而不是被动接受的"。

建构主义学习理论对学习方式主要有三种主张:其一,倡导学习者主动参与下的有意义学习;其二,倡导基于真实情境的探究式学习;其三,倡导基于社会交往、合作的学习。

依照建构主义学习理论,在培养卓越小学教师的过程中,应对现有的教师教育课程进行改革,要求高校教师转变课堂教学方式、方法和内容,要求课堂教学切合小学实际和师范生的自身需要。培养卓越小学教师核心素养的课堂教学应尽可能使师范生处于模拟的、具体的教育情境中,不是机械被动地接受知识,而是积极主动地调动起自身的多种感官,适应外部环境,激发师范生的求知欲望,使师范生在相对真实的教育环境中培养解决问题的能力。运用建构主义学习理论,高校教师还应该为师范生提供更多的教育实践机会,使师范生能够在真实的情境中不断思考,对真实情境中的知识不断进行组织,从而不断建构知识和提升学习能力。

[①] 让·皮亚杰(Jean Piaget)是儿童心理学、发生认识论的开创者,被誉为心理学史上除了弗洛伊德以外的另一位巨人,其提出的发生认识论不仅是日内瓦学派的理论基础,也是欧洲机能主义的重大发展,它开辟了心理学研究的一个新途径,对当代西方心理学的发展和教育改革具有重要影响。

第二章　卓越小学教师的基础认知

第一节　卓越小学教师的价值需要分析

　　凡有自我实现需求的优秀教师，其内在本性均未被束缚、压抑或否定，他们完全可以作为前行的指南和典型，从而明确卓越小学教师成长的正确方向。卓越小学教师只有不满足现有的专业理念、专业知识、专业技能，心理健康，有超越性成长的需求，才会对职业萌生更高的专业化冲动，从而产生为教育而实现自我和献身的情怀，更多被抑制的潜能才会发挥出来。

一、综合素质发展对自我实现的影响

（一）综合素质发展对自我实现的促进作用

　　自我身份的认定依赖于个人的成长需求。这种成长需求有一部分是自身发掘的，还有一部分有赖于教师进一步创造。自我身份的认定，能给教师无尽的自信，需要教师有更多的勇气与智慧。

　　综合素质发展是潜在素质发展的结果，而自我身份更是潜在素质发展运作的结果。学科骨干教师、教育学专家、教育心理学专家等，这些称谓的背后必须有相应的支撑。如果没有素质的提升就得不到更好的发展。自我身份是一种使命感，促使自己依托综合素质发展才会实现，才会达成超越性的需要。

　　综合素质发展以发展自我身份为第一要务。当一个人准确给定自我身份，就会朝着目标前进。很多教师由于对自我身份的忽视或没有相应的胆识与学

识，就没有明确的方向，也无成就感，没有向更高目标奋斗的决心和行动。身份认定其实是给自己一个认识自我的角度，如一位卓越小学教师确定最基本目标之后产生的超越性需求，如做专家型教师、学者型教师或做某一学派领军者，他会享有职业生涯的高峰体验，到达人生的巅峰。

综合素质发展与自我实现之间是一个内在价值与存在价值的解决过程，但大量教师没有，或有也不习惯解读这个过程，其解读的水平也影响其发展。对专业理念、师德水准、专业知识及能力等的理解与运用，以及与自我身份间的衔接，都缺乏最基本的过程认定，往往致使二者脱节。自我发展需要最初的认定，即"我是一个什么样的人"，特别是方向的认定，能促使其明确身份，从而促进自我的发展。

（二）综合素质发展促进自我实现的策略

一是积极主动地享受高峰体验。为了全面提升自我的综合素质，教师必须专心致志，全力以赴，矢志不渝，坚持到底，这会让教师在实践中得到体验。而这种高峰体验会强大自己的内心，使教师对自我身份的认定更加坚定，并朝着自我实现的方向奋力前行。

二是努力给自己创造高峰体验的机会。拥有高峰体验必须凭借自我的发展，为自己博得体验的机会。享有高峰体验者，持有的最关键的入场券便是在某一方面有专属于自我的见解、高人一筹的技能或独特的解决问题的能力，让自我具有独一无二、个性独立的素质，能给人引领、指导。机会是自我争取的，只有敢于表现自己的创造力，才会有机会彰显自我价值，拥有更高层级的高峰体验，使自己走向人生辉煌的顶点。

三是必须给予自我积极的价值认定。促进自我价值的实现，必须经历幼稚到强大的过程。相对弱小的时候，给予一个科学的认定目标或身份认定，便会激起内心向上的动力。自我积极的价值认定，会让自我保持最佳状态，能使自己向着这些身份认定努力靠近。这种价值认定的目的在于让预定的人生目标提前展示并被设定为对应的自我身份。

二、综合素质发展对理想品性的追求

综合素质发展什么，怎么发展，是教师发展内涵中最关键的部分，任何一位教师都有不同的发展要求与成长路径。

（一）综合素质发展追求良好的品性

一个教师的综合素质涉及其师德，决定其成为什么样的教师。无数实现完全自我发展的教师，总是以积极的态度看待整个发展。他们的发展是超我、忘我、无我与理想的融合，是意识、前意识与潜意识的融合，其人格中有更多正能量被激活，不知不觉地发展并具有一些固定的品性。综合素质高的教师，应是富有思想学识，充满才气，洋溢幸福的文化使者。这些教师品性形成的前提全在于综合素质的发展，且彼此间相互促进。

教师良好品性的形成在于其发展需求被完全关注，因而获得满足并得以超越。教师良好品性是超越性需要的具体体现，它引导着个人朝向最终的目标奋进，从而实现自我超越——在超越性动机的层次上得到满足，才会感受到成长的幸福与快乐。马斯洛的需要层次理论说明：人一般在生理需要上大约能满足80%，在安全需要上满足70%，在归属与爱的需要上满足50%，在尊重的需要上满足40%，在自我实现的需要上则满足10%。马斯洛还指出，优势需要满足后出现新需要：如果优势需要A只满足10%，需要B就可能根本不出现；当需要A满足25%，需要B可能会出现5%；当需要A满足75%，需要B就可能出现90%。这组数值有助于我们理解理想品性产生的条件，以及能完全实现自我的教师少的重要原因。超越性需要的满足，更多牵扯教师的价值层面，基本需要满足之后，才可能萌生更大的愿望。

探讨教师发展的可能性及向往所能达到的极致，是综合素质发展的更高层级。教师必须明确，要有敢于登攀和赴汤蹈火的勇气，真正明白需要做什么、该怎么做，激活自己的内驱力，从而有自觉发展综合素质的行动。

（二）综合素质发展促进理想品性提升的策略

一是追求健康的心理和成长形式。习得综合素质，需要下一番功夫才会将其转化为个人能量。有努力的方向，做出更多更大的贡献，才是把追求健康的成长作为出发点。真正具有强大学习力的人，最大的特性在于超越性需要的永无止境，甚至把个人奋斗的目标与发展人类的全部教育联系在一起，其带给教育的是积极的影响及可资借鉴的精神财富。

二是注重时效，体现意义。提高自我的理性品性、能力素质应讲究方法。为何有些教师入职上岗不久，就能取得骄人的成就？虽然每人都有不同的成功点，但有一点是相通的，那便是他们善于将素质提升与现实意义有机结合起来，并力求做到极致。

实践中，教师解决问题的能力、需要被给予的新知识，都会因明确的目标而得到提升与积累，特别是创新能力得以增强，创新思维得到训练。自我的行动与教育需要自然融合，让自己有更多的高峰体验。

三是注重微思考，独辟蹊径。为何大家都在学习，大家都在进步，最终成功的人只有几个？竭力找到自己的成功点是每个卓越教师必须思考并渴求的。虽然前述身份认定带来高峰体验，但前提是不离开教师独特的学识及高超的本领。真正的大师的成功秘诀皆在于他们能将素质发展与自我的事业发展点紧密相连，他们做任何发展自我的事，都在为其积蓄力量。

第二节 卓越小学教师的共性特质

在教育发展史上，能够称为教育家的人应当有自己独创的教育思想和教育教学方法。《教育大辞典》中对教育家是这样定义的："教育家（educator）是在教育思想、理论或实践上有创见、有贡献、有影响的杰出人物。"[1]这些教育家式的人物正是教师发展中所追求的目标，也就是当下的卓越小学教师。正如通向罗马之路千万条这个道理一样，卓越小学教师的成功也不尽相同。然而，在这些不同的生命轨迹中又不难发现他们之间存在着某种相似性，这种相似性可以被称为卓越小学教师的共性特质。卓越小学教师的共性特质不是简单的一个方面，在教育信念、职业道德、理论知识与教育实践中都有所展现。

一、卓越小学教师具有的教育信仰和专业信念

（一）卓越小学教师具有崇高的教育信仰

教师的职业具有求真、向善、臻美的属性。卓越小学教师在唤醒学生对真、善、美追求的同时，也展示并实现自我，满足了自己对求真、向善、创美的需要。卓越小学教师的整个教育生涯都是一种不断突破—重建—再突破的过程，在循序上升的同时从未停止向更远的方向迈进。这种前进的动力来源是他人生目的、教育目的背后的信念与信仰。所谓信仰，可以看作是头脑中的信念与行动中的执着。它不仅仅是思想领域的抽象意义，更是现实生活中语言、行为的映射。信仰的力量在于无论外界环境是如何变幻，现实的状况如何残酷，

---

[1] 胡百良．优质教育与评价制度的改革[J]．基础教育参考，2003（3）：18—20.

都能使人们遵循内心的引导变得坚定而无所畏惧。卓越小学教师在自己的专业发展过程中，逐渐拥有充满力量的信仰，在教育中实现自我的精神诉求和自身完整。与此同时，他们的角色也不再是外在化的工具。

（二）卓越小学教师具有质朴的教育关怀

教师是实现教育关怀的主体与关键。教育关怀不是一般层面上单向的教师对学生的爱，而是建立在师生关系之上的一种双向的对话、理解、宽容等。教师对学生的关怀，在于将对方作为富有生命活力的生命体。"关注生命情感，尊重生命个体的身体及感受。人在与外在世界的交往中对自我生命的回眸观照，对自我生命状态乃至他者生命的积极探寻、品悟，萌生个体的生命情感。生命情感即个体对自我生命的体认、肯定、接纳、珍爱，对生命意义的自觉、欣悦、沉浸，以及对他者生命乃至整个生命世界的同情、关怀与钟爱。"[1]

简而言之，教育关怀既是自我的体谅，又是对他人生命的关怀。这种关怀的基础不是强加于客体之上，而是满足客体生命需求的一种体谅。卓越小学教师对学生的教育关怀，绝不取决于考核中成绩的优劣。他们懂得教育的目的不是把每个人都培养成哲学家、思想者或是其他成功人士。在现实教育中更应该贴近生命本身，将学生培养成一个活生生的人，拥有完整人格和积极生命情感的人。卓越小学教师们眼中并没有"差生"这个词，他们能够看到每个生命个体的闪光点，并与其亲切地沟通。

二、卓越小学教师具有的道德品性和职业感知

（一）卓越小学教师具有富有魅力的人格品质

乌申斯基[2]说："在教育中一切都应以教育者的人格为基础，因为只有人格才能影响人格，只有性格才能形成性格。"

因研究对教师人格的定义各不相同，没有确切的定论。大体来说包括教师职业特性、心理品质、对学生身心发展影响三方面。因此，教师人格是指教师个体在教育职业活动中逐渐发展并表现出来的行为上的内部倾向性，它对学生身心发展有直接而显著的影响，是教师的能力、情绪、需要、动机、兴趣、态

---

[1] 刘铁芳.生命情感与教育情怀[J].湖南师范大学社会科学学报，2005（5）：65.
[2] 康斯坦丁·德米特里耶维奇·乌申斯基（1824—1871），19世纪俄国教育家，毕业于莫斯科大学，曾任法律专科学校教师、孤儿院教师、斯莫尔尼贵族女子学院学监，被称为"俄罗斯教育心理学的奠基人"，代表作有《论公共教育的民族性》《人是教育的对象》等。

度、价值观、气质、性格和体质等方面的有机整合及其在自己教学过程中的表现。

卓越小学教师的共性特质表现在他们的人格品质是在这些层面上的融合与升华，富有独特的人格魅力。教师的人格可以分为三个阶段：经师，良师，人师。所谓经师，只是完成其传授知识的基本职业要求，人格不具有德育意义。所谓良师，即教师将教学作为自我追求并能将教书、育人相结合，实现教书育人这一目标。所谓人师，即教师形成自己的教学艺术，达到"随风潜入夜，润物细无声"的不教而教之境界。卓越小学教师的人格品质即是所谓人师的层次，诲人于不知，育人于不觉。

（二）卓越小学教师具有矢志不渝的职业责任感

"态度决定一切"是一句被人们熟知的话，更是一个简单而深刻的道理。卓越小学教师不一定都天赋异禀，但他们一定都是有态度的人。这种态度表现在对教育、对学生、对自己的态度。而态度的来源则是教师对教育与人生的那份责任感。卓越小学教师最可贵的品质是什么？勇敢地担当起教师职业所赋予的责任，为了这份责任他们比别人倾注了更多的挚爱和心血。责任心就是教师的良心。

卓越小学教师的责任感还表现在他们对教育传承的态度上。卓越小学教师不仅实现自身发展，他们也肩负着对青年教师、发展中教师进行引导与扶持的使命。教育事业是属于整个民族的事业，这份事业需要更多、更好地继承和创新。因此教育的成功需要广大教师共同浇灌，而对青年教师的培养显得极为关键。

三、卓越小学教师具有的知识结构和理论深度

（一）卓越小学教师具有良好的哲学素养

"哲学"这个词源于古希腊文的"philosophia"，意思是"追求"（philem）和"智慧"（sophia），即爱智。在汉语中，"哲"是聪明、智慧的意思，这一翻译往往使人把哲学视为"聪明之学"和"智慧之学"，亦即把"哲学"当作智慧的总汇或关于智慧的学问。

哲学是关于人类生存发展和安身立命的"大智慧"与"大聪明"。与其说哲学是关于智慧的学问，不如说哲学是开启人类智慧的大门。哲学开启人的心智，宽阔其视野，有助于构建正确的人生观和价值观。无论从事哪行哪业，拥

有良好哲学素养和哲学智慧的人都能达到某种程度的自我实现。教师亦是如此，成就卓越的教师大都拥有良好的哲学素养或哲学智慧。这是一种内在力量源泉，使人明智、明心，更能看清人生的矛盾并将其化解。

一名教师需要有完整的学科知识、广博的通识性知识及行之有效的实践知识，但是这些是必要条件而不是充分条件。如同航行在海中的小船，依靠这些知识摇桨，却要依赖哲学来掌舵。一般的教师可以用桨前行，然而缺失目标和方向的前行注定无法驶向成功的彼岸。卓越小学教师的知识组成必定是在知识与经验之上拥有良好的哲学素养。

（二）卓越小学教师具有丰富的知识结构

教师是一种职业，知识是他们开展教育教学工作的基础。关于教师的知识，界定不同，概念不同，大体上主要由通识性知识、本体性知识、条件性知识和实践性知识四部分组成。卓越小学教师的知识结构在质量和数量上较普通教师都具有显著的不同。他们的知识结构中，每种知识的掌握都极尽完善，知识之间不是独立存在的，而是彼此融合，彼此丰富。这种发散性的知识结构，使卓越小学教师的知识具有"百科全书"式的特点。

《美国优秀教师专业教学标准》（National Board for Professional Teaching Standards，NBPTS）是美国对优秀教师的一个重要的评价指标。NBPTS对优秀教师的知识基础和构成是这样规定的："关于青少年学生的知识：优秀教师利用他们具有的关于发展的知识及他们与学生的关系，培养学生的知识、技能、兴趣及价值观等。学科内容知识：优秀教师利用他们的学科知识为学生设立目标，帮助学生学习本学科课程以及跨学科课程的知识。"

总体来说，卓越小学教师应该具有广泛的学科知识及实现优秀教学的专业知识。由此不难看出，卓越小学教师的知识结构丰富，并且他们能够将自身的知识融入有效的教育教学过程当中。有学者认为，卓越小学教师的专业知识主要体现为："通识性知识在于博；本体性知识在于精；条件性知识在于美；实践性知识在于用。"[1]这也恰好概括了卓越小学教师关于知识的共性特质及专业知识融会贯通的特点。

---

[1] 柳海民，谢桂新. 质量工程框架下的卓越教师培养与课程设计[J]. 课程·教材·教法，2011（11）：96—101.

四、卓越小学教师具有的实践能力

（一）卓越小学教师具有终身学习的能力

教师的职前教育几乎很难满足整个教育生涯的需要，必须主动掌握新概念，学习新理念，研究新问题，培养适应新环境的能力，才会使自己得到终身发展之益。

因此，卓越小学教师具有的一种共性特质是他们以动态教师的角色存在，是在自我发展的轨迹里始终保持不断学习的主观态度与能力的终身学习者。终身学习的理念基础是勇于看清自身的缺点和不足，进而谦逊地汲取和提升。卓越小学教师既能承载荣誉的肯定，又能停下来反躬自省。

（二）卓越小学教师具有创新的精神与行动

教育需要创新，这是时代发展的诉求。教育创新并不是一个新兴的词和概念，早在20世纪五六十年代，西方学者就开始对这个专题进行理论讨论和案例研究。教育强则国强，我国也将教育创新作为实施科教兴国战略的迫切需求。当下最有价值的精神就是创新精神，社会最迫切渴求的也是创新型人才。要成为教育家或卓越小学教师，教育创新也是必备的一种特质。人生之路是一个不断完善自我的过程。打开一卷卷卓越小学教师发展的个案，教育创新这一特质可以说与他们紧密相关，始终相伴。卓越小学教师应该顺应时代的要求，在遵循规律的基础上做到开拓创新，知行合一。卓越小学教师的创新特质，首先体现在对理论的创新方面，即他们都能够从前人的理论果实中汲取精华，并与自身教育实践、思考和经验有机结合，从而形成自身独特的教育理论研究成果。

第三节　卓越小学教师的品德结构

一、卓越小学教师道德认知的来源

道德认知是卓越小学教师品德结构形成的认识基础，在卓越小学教师品德结构形成的过程中，道德认知的知识来源于四个不同的方面，即本体性知识、文化性知识、实践性知识和条件性知识。

（一）卓越小学教师的本体性知识

本体性知识，即所教授的学科知识。在教学过程中，这些知识多被不断地重复讲解，再终思考和研究传授给学生们。通常情况下，教龄长达十年或十年以上的老教师，他们的本体性知识在他们入职以后的前五年在不断地丰富和完善，但因为本体性知识只是处于本学龄段的知识，所以这一部分知识后期提升空间有限。本体性知识是一名教师之所以为师的根本保证，也是其职业生涯中的一张名片，近五成教师反映，这部分知识主要提供其职业的工具性知识，给予教师道德认知上的知识只是小部分。

（二）卓越小学教师的文化性知识

文化知识中的文化是一个非常大的概念，文化包含着一个国家、一个民族的政治、经济、意识形态等，其内在价值深刻而无形地融入其血脉当中，是一个国家、一个民族内在的精神财富、支柱和灵魂。[①]多数卓越小学教师知识底蕴丰厚：有的教师教数学，但是英语口语很不错；有的教师教政治，但是教学中运用诗词来引发学生思考。文化性的知识是无形的，但它的作用贯穿于教师品德结构形成的方方面面，从不同维度渗透、滋养和丰富着卓越小学教师对中华民族深厚品德文化的认识，让卓越小学教师更加懂得解决如何培养人、培养什么样的人、怎么培养人的问题，紧随时代主题、政策改革方向和民族特点，为祖国培养合格的人才。

（三）卓越小学教师的实践性知识

实践性知识，即教师的教育教学知识、教育智慧、教育敏感性等应用型教育教学知识。有近六成受访教师表示这些知识是入职之后获得的。这就需要教师在入职之后边学边用，边学边反思，边反思边融合，用活理论，升华理论，让教育不但成为科学，更成为艺术化的科学。

卓越小学教师品德形成过程中，实践性知识的功能在于实现品德知识从理论到实践的跨越，让卓越小学教师真正懂得品德知识的原理、心理机制及育德与育智的关系，运用现实操作方法来处理不同教学中的伦理道德事件，操练自身品格，完善品行。实践性知识是形成教师品德结构的核心要素，其功能在于保证品德认知的知识落到实处，是成为一名有着良好品德的卓越小学教师的前

---

① 王亚，李孝川. 关于高师院校师范生培养目标的几点思考[J]. 西北成人教育学院学报，2018（2）：40—44.

提。被访的卓越小学教师普遍反映：实践中获得的知识让自己对职业道德有了更加深入的理解。

（四）卓越小学教师的条件性知识

条件性知识，即教师的教育理论知识，它包括心理学、教育学、教学论等教育知识。条件性知识面对动态化的教学环境和不断成长的学生群体，必须得到坚实的理解和动态的把握，才能很好地处理千变万化的教学问题。卓越小学教师依据自身德行和才干，动态把握条件性知识，并在无形中运用于教育教学情境当中。教师本着以生为本，以教育为重的原则，运用教育理论中蕴含的伦理道德原则处理教学中的问题。运用这些条件性知识，教师不只是让学生进行思考，还引导学生进行探索，得出结论，归纳总结并形成自己的知识结构。这样，教师就可以让学生从这些知识的背后真正懂得真、善、美的意义和价值，进而实现社会化教育教学的目的，使自身和学生的道德品性都得到了提升。这些条件性知识也是一名教师从职业道德走向专业道德的必不可少的内容。

总之，卓越小学教师道德认知中的不同知识是其品德形成的重要知识基础，是教师不断地充实自身本体性知识，并运用实践性知识锻炼品行，用教育教学的条件性知识引领本体性知识和实际工作中道德伦理事件的方向，同时运用文化性知识不断完善品德认识的过程。卓越小学教师的不同知识内容，不仅可以为实现自身品德结构的完善提供理论支撑，还可以有效地促使社会化学习影响的扩大，对学生和周围的人进行有效的教育和影响，使整个道德环境更加清明，让人们可以自觉运用自身内在的道德准则去约束自己的道德行为，达到一个不教道德法规就可以让每个人运用自身的内在道德律令来维护良好道德环境的目的，形成人人自我约束、人人自我教育的良性道德氛围。

二、卓越小学教师道德情感的特点与来源

（一）情感的定义

《心理学大辞典》认为情感是人对客观事物是否满足自己需要而产生的态度体验，这种态度在生理上表现为一种复杂而又稳定的生理评价和体验，包括道德感和价值感两方面，形式表现为爱情、仇恨、厌恶、美感、友谊、爱国主义、集体主义等。情感倾向于个人社会需求欲望上的满足，同情绪有着本质的不同，情绪倾向于个人基本需求欲望上的满足，表现为喜、怒、忧、思、悲、恐、惊等。

（二）卓越小学教师道德情感的特点

卓越小学教师道德情感的特点有长期性、深刻性、稳定性。卓越小学教师的道德情感源于其对自身职业长期的时间、智力、财力、体力等的投入，使自己在工作中不断感受到不同的态度，体验到不同的情绪。这些不同的态度和体验大多源于本身的需要，表现为完成教学目标的满足，评选为优秀骨干教师的欢欣鼓舞，赛课前期的担忧，带队赛课后的集体荣誉感等。这些情感和情绪体验常常交叉地出现于卓越小学教师的心态表征中。由于卓越小学教师在长期的工作和学习培训中已经遇到过各种各样的教育教学问题，并运用职业道德基本原则和方法智慧化处理工作过程中各种问题，因而相应形成了自身坚定的道德信念，这种信念对道德情感的形成有着积极的引导和促进作用。卓越小学教师会运用坚定信念、能力、积极情感抵制情绪波动，平衡心态，运用理性思维，把握事态变化，总揽大局，顺势而为。因而，卓越小学教师道德情感较稳定、长久，在品德形成过程中起到积极的平衡作用。

（三）卓越小学教师道德情感的来源

从内生机制来看，道德情感来源于处理事情后得到的一种情感体验，如果结果满足个人需要，则会产生积极的情感体验，反之则为消极的。从外控机制上来看，道德情感是社会给予个人社会需要上的认可度。社会对一个人的认可度高，则会激励行为的再生。卓越小学教师关爱学生，得到了学生的正面反馈；卓越小学教师同家长沟通，得到了家长的理解；卓越小学教师传递教学之美，学生表达了对学习"美"的认识。这一系列的正面积极的情感反馈，强化了卓越小学教师对的情感认知，进一步增强了对原有道德认知的理解，促进了对道德规范的依从，形成了卓越小学教师稳定、长久的道德情感特点，并不断地深化发展。

三、卓越小学教师道德意志的特点

道德意志是道德认识得以实现的有效保证，是道德情感能够维系的强大助力。在道德情境中，道德意志的作用在于自觉地调节道德行为，克服各种内在和外在的困难，实现道德目标。道德意志表现为让自身的不道德动机消除，战胜自己的自私，抗拒不良因素影响，抵制诱惑，等等。

道德意志的特点在于其坚定性、长期性、稳定性。卓越小学教师道德意志形成的内在心理因素在于教师有与道德意志相应的知识和能力。有道德意志，首先要有道德意志的知识，它可以引领一个人有意识坚守自己的道德信念，形成道德意志，进而施行道德行为。有时候，一个人有道德意志的知识，却没有相应的道德行为，原因在于这个人缺乏坚定道德意志的能力。因此，道德意志必须有道德意志的知识和能力，才能让一个人运用道德意志去行使相应的道德行为，坚守道德信念，不放弃，才能达到弗洛伊德所说的超我的道德理想境界。卓越小学教师品德结构的形成，有道德意志的参与，但道德意志在品行完善过程中的作用是有限的，其原因在于卓越小学教师自身的爱好、兴趣、内在需要、道德理想，在品德结构完善过程中的作用往往胜过道德意志的力量。引领品行的完善，有时不仅需要道德意志的作用。

四、卓越小学教师道德行为的特点及表现

（一）道德行为的定义

道德行为是在道德意识的支配下，个人或集体表现出的对他人或社会有价值、有意义的活动。从个人角度来说，道德行为是一个人道德认知内化后的外在表现形式，是实现道德意愿和道德动机的手段。从集体角度来说，道德行为是有利于不同时代、不同民族、不同社会和阶级的行为。

（二）卓越小学教师道德行为特点的分析

卓越小学教师的道德行为具有正向性、积极性、扩散性、引导性、榜样性、凝聚性。卓越小学教师由于自身的优秀特质，处于社会化的集体教学氛围中。在社会学习理论中，自身的行为、言语、德行等外在的表现形式都会成为可塑性非常强的学生们的模仿对象，在无形的熏陶中，一个学生良好的道德行为渐渐开始形成，一个有着良好道德素养的群体开始形成，并呈扩散状，不断延展。这样一来，社会对卓越小学教师品行的学习也开始了。

（三）卓越小学教师道德行为的具体表现

卓越小学教师的道德行为表现在对教学的严格、精细、谨慎、活泼、多样性上；在人际关系中则体现为平等、和善、谦和、就事论事、善于沟通、取长补短；在与家庭成员的关系中则体现为不断地沟通、交流、体恤难处并找寻解决问题的最优办法。

第四节 教师成就卓越的归因分析

教师的专业成长贯穿于教师的整个职业生涯,是一个持续、动态的发展过程。对卓越小学教师而言,其成就卓越的因素是多方面的,包括教师自身的内在因素和外部环境因素。在教师的专业成长过程中,内外因素相互作用,促进教师从普通教师成长为卓越教师,在这一动态过程中,各种因素相互影响、相互作用、相互渗透。

一、内部因素

(一)独立开放的人格特征

人格是个体在日常生活中表现出来的稳定性品质,它具有一定的可塑性,对个体行为与发展有重要影响。作为卓越型人才的卓越小学教师,其人格特征主要表现为勇于探索、独立自主、灵活机敏、开放包容四方面。

1. 勇于探索

卓越小学教师都具有很强的求知欲望,均通过自己的努力不断提升自身的学历水平,对学科教学的探索也是孜孜不倦。教师这一职业并非仅将已有知识表达出来就足够了,在教授学生之前,教师还须对所教知识能形成一种系统而透彻的解读。然而,知识也不是一成不变的,它会随着时间的推移而日渐丰富,教师需要不断学习与更新自己已有的知识储备,探索灵活的教学技巧,才能够尽可能地给学生呈现出相对完全的知识形态。卓越小学教师具有强烈的问题意识,能够关注到日常教育教学中的问题并另辟蹊径地解决所发现的一系列问题。

教师对学生的影响是方方面面的,好奇心强烈的教师能够激发出学生对学习的好奇心。教师若想真正意义上实现育人育己,必须时刻保持饱满的教育热情,坚持不懈和耐力是教育活动成功的重要保证。面对繁复的教学工作,卓越小学教师会不断吸收新的经验,不断更新自己的欣赏视角。卓越小学教师不会一刀切地给学生贴标签,他们的眼中没有完全相同的学生和完全一样的课堂。无论怎样重复,他们总能用新的姿态对待教育教学。这样的教师总能给课堂注入新鲜的活力，从而使课堂大放异彩。

2. 独立自主

独立自主是卓越小学教师人格特征的突出表现，是指教师在教育和教学活动中有自己的意志和独立行动，有不服从权威的倾向。卓越小学教师的独立自主源于教师的自我实现动力与对教育工作的独特理解，主要表现为能动的主体性及独立的自我意识。教师应该对自己的行为有深刻的了解，就如同对学生的了解一样全面。卓越小学教师能够对教育理念的实践表现出坚定的信心和灵活性，并根据自我意识不断调控自己的行为进而及时反思。

卓越小学教师对自身具有较为全面的认知，能在行为上保持一定的敏感性与灵活性。独立的人格最核心的部分就是自主性，而卓越小学教师所具备的自主性正是其成就卓越的法宝。教师所从事的教学工作也是极具自主性的，体现于教学工具的选用、教学手段的选择及教学方式的组织等方面。卓越小学教师在自我专业成长这方面较普通教师更能主动关注自身专业成长需求，并自主探求满足成长需求的路径，以自我行动促自身专业成长。

3. 灵活机敏

卓越小学教师善于抓住机遇，教学思路清晰，具有极强的专业智慧。教育机智是指教师在紧急情况下能够及时做出相应的正确判断，并依据判断适时采取适当方案与措施。在教学过程中，卓越小学教师善于捕捉学生表现中的积极因素与闪光点，并加以引导，使之转化为积极的行动。教师的教学智慧集中展现在课堂教学中。

卓越小学教师善于观察学生身心变化的细微差别，并能及时给予指导。有的教师可能对学生有全面透彻的了解，但无法准确地回应学生的困惑、情绪或需求，而敏感的教师能对学生的某些情绪、冲突或混乱做出自发的反应。不论在教学中还是日常生活中，卓越小学教师都能敏锐地观察学生的变化，分析学生的感受，感知其他的教学信息，适时调整教学过程，不仅使学生终身受益，也为自己的专业成长助力。

4. 开放包容

教师的思想和眼光开放，才能在教育和教学方面进行创新，才能在自身的专业成长上有所突破。卓越小学教师善于获取新信息和新思想，乐于接受新事物，与他人合作时能倾听和吸收不同意见，并乐于与他人合作。所谓开放包容，是指教师的灵活性和包容性，能够倾听多方的声音，多角度地分析教学问题。卓越小学教师乐于与他人合作，包容他人不同的观点。

卓越小学教师重视学生所生成的新知识，并在此基础上引导不同类型的学习。卓越小学教师能够通过情感性行为使学生有学习的乐趣，变"被动地学"为"主动地学"。

（二）出色的教学功底

卓越小学教师的卓越表现在多个方面，笔者认为卓越小学教师最突出的专业特征应该是其扎实的教学功底。一个教师所能达到的高度，取决于他将新知识转化为"我的知识"的优异程度。

卓越小学教师具有不同的个性和特点，卓越的课堂教学艺术是他们的标志性特征。文章写得好、发表得多或许并不能赢得大家的好评，但好的课堂一定能够感染众人，课堂才是卓越小学教师展现其风采的圣地。

教学功底的扎实能够使教师的教学关注点得到转移，不只是紧盯学生卷面上的数字变化。卓越小学教师的教学智慧正是源于其扎实的教学功底，他们区别于普通教师的一点是他们的眼光更加长远，在教学环节的设计上更体现学生的主体性，着重强调对学生思维的开发与拓展。

（三）具有文化底蕴

卓越小学教师的卓越还体现在其博学，具有精深厚重的文化底蕴。广博的知识是教师为师之基，但知识不是与生俱来的，它是通过日积月累形成的，自律的人才有足够的时间去储备丰富的知识。卓越小学教师的知识体系不是自然生成的，而是在持续学习的过程中形成和发展的。具有丰富专业知识的教师才能较好地把握教育对象的特征，游刃有余地运用教育教学规律，进而提升教育教学水平。

1.博览群书

作为知识传播者与智慧促进者，教师应该尽最大的努力去追求知识的丰富性。卓越小学教师阅读诗词曲赋等中外名作，可以从中获取生命的多彩意义与活力，使平凡的人生焕发生命的光彩，并把渗透其中的智慧传递给学生。

卓越小学教师的专业成长实际上经历了两个重要阶段，一是积累，二是创生。积累的过程就是阅读的过程，以阅读积淀文化底蕴，而由底蕴转向教学则是创生的过程，积累与创生缺一不可，环环相扣，进而成就教师为人与治学之卓越。

2.饱读经典

教师对读书的热爱会对学生的阅读产生重要的影响，因而，教师应该阅读大量的书籍，尤其是经典著作。经典著作往往是教师教学智慧生成发展的源头活水。阅读经典能够将一个人的学识与眼界带入新的高度，能够使阅读之人重新认识与感知外在的事物与内心的自我。经典之作蕴含的精髓对教师的专业成长所发挥的作用是不容小觑的。尤其是对语文教师而言，经典阅读更是不可或缺的，缺乏经典阅读的语文教师是缺乏底气的，这种缺乏将会对其专业成长产生不利影响。因此，阅读经典是卓越小学教师获得思想资源的重要途径，也是促使其心灵得到丰盈、读写能力得到提高的重要渠道。

二、外部因素

（一）重要他人

人的社会属性决定了每一位教师都是生活在人际关系之中的。卓越小学教师的成长从某种意义上来说就是在与他人的交往过程中实现的。可见，良好的人际关系对卓越小学教师的专业成长意义重大。有调查显示，影响教师专业发展因素中的前三项都是人际因素。卓越小学教师在专业成长的过程中往往会遇到一些重要他人，这些人可能是专家、领导或者师傅，也可能是同事、家长或学生。重要他人在卓越小学教师成长的关键期如同仙人指路，能加快教师成长与成功的步伐，甚至可能使教师的人生发生质的转变。

1.家庭中的重要他人

家庭是个人成长的第一教育场所，家庭教育会对一个人的成长留下不可磨灭的印记。家庭中的关键人物在卓越小学教师的专业成长过程中发挥着十分重要的作用，他们对卓越小学教师成长与发展的影响有时是直接的，有时是间接的，有的甚至影响其职业选择。

家庭中他人的影响作用在卓越小学教师的专业成长过程中也许长期存在，但随着卓越小学教师接受更进一步的教育而逐步消退，学校之中的重要他人的作用开始显现出来。

2.学校中的重要他人

重要他人尤其是专家与领导等人不仅能给教师提供专业的支撑，使得成长中的卓越小学教师能"取法乎上",将专业技能提升到一定的层次。更重要的是,学校中的重要他人的思想、个性和学习方式会对卓越小学教师产生微妙的影响,不断激励、唤醒、鼓励成长和发展中的教师,使其在更广泛的精神领域保持动力朝着更高的目标前进。

（二）关键事件

关键事件是教师在与教育对象、教育内容、教育过程、教育环境和非教育活动的互动中经历的对专业成长具有教育意义的重要事件。这些事件能够对教师产生专业影响,增强教师的专业意识,激发教师的专业反思,优化教师的专业行为,从而对教师的职业成长产生积极的影响。在教师专业成长的过程中,一个事件能否被定义为关键事件,不能以事件的外部影响力来判定,而应以当事人的感受为基础,把事件在教师专业成长中的意义作为衡量标准。关键事件往往引发教师专业成长的快速变化过程,逐步调整和改变教师的专业行为,并引导教师追求一种明智的教学和生活方式,为教师的专业成长提供许多契机,这些契机构成教师专业成长与发展的重要转折点,将卓越小学教师多彩的教师生涯串联起来。

关键事件需要经过事件主体的反思与自省才能对主体的专业成长产生相应的价值,直接促进教师提升专业素养。关键事件往往能够促使教师确定关键决策,这些决策正是教师专业成长发生激变的生长点。关键事件的发生往往会给教师本人带来深刻的情绪体验,成为教师更新教学理念,改进教学方法,增强教师身份认同感的重要按钮。关键事件只要对教师的专业成长产生了教育价值,就会促使教师从专业角度去感知、理解并内化关键事件的意蕴,从专业知识、专业理念、专业情感、专业能力等方面巩固与完善自身专业素养。教师专业成长过程中的关键事件会使教师不断用自我反省和自我评价的批判性思维来观照自己的教育理念、道德规范。

（三）学校文化

学校是教师学习和工作的重要场所,因此,学校文化对教师的专业发展起着重要作用。积极的学校文化可以极大地激发教师的教学精神,为教师的专业发展提供良好的平台。学校文化外显于学校的校训校风、校纪校规、校园建筑等方面,对教师专业发展的影响通常是显性的,在精神、思想与氛围中为教师的专业成长注入活力。

学校文化具有很强的持久性与传承性,在同一环境下学习和工作的教师在学校文化的影响下，往往形成相似的价值观和思维方式。在构建学校的文化氛围和制度环境时，校长是核心人物。从某种意义上说，一个好校长就意味着一所好学校。校长作为学校教育的领导者，他们的身份和效力使其在教学理念上与其他在教育过程中发挥作用的个人有所不同，尽管也存在个人经历的影响因素，但校长的教学理念基本上会影响到他们对学校的管理方式，且影响的程度和效果是由学校教学理念与管理质量决定的。

第三章　卓越小学教师的专业能力

第一节　卓越小学教师的职业角色定位

一、对小学教师职业角色的解读

在社会生活中，每一个个体都扮演着不同的角色，各种职业角色都被社会赋予了不同的权利、责任、行为规范及相应的行为模式。教师角色既代表教师个体在社会群体中的地位和身份，也包含着社会所期望教师个人表现的行为模式，它既包括社会、他人对教师的期待，也包括教师对自己应有责任的认识。而角色意识是指个体对自身角色地位、角色规范及角色行为的觉察、认识与理解。

教师角色意识是指教师对自身角色地位、相应角色行为规范及其角色扮演的认识、理解与体验，不仅包括动态的教师对角色进行认识、理解的过程，也包括静态的教师对角色认识、理解的结果。此认识结果一方面表现为教师稳定而深层的观念，另一方面表现为教师的情感体验和心理感受。也就是说，教师角色意识所反映出来的教师对其角色地位的认识、理解和由此产生的行为结果，其背后又是以教师深层的观念和丰富的情感体验为依托。教师角色意识在教师教育观念中居于核心地位，影响着教师的心理体验与感受，支配着教师的教育行为，从而影响着学生的健康成长，因此强化教师的角色意识，是提高教师专业素质、促进教师专业发展的重要途径。教师只有在了解了角色规范的基本要求之后，才能很好地扮演其职业角色。

（一）小学教师应是学生人生道路的领路人

教师不能仅仅向学生传播知识，还要引导学生沿着正确的道路前进，并不断地在他们成长的道路上设置不同的路标，引导他们向更高的目标前进。另外，教师要从"道德说教者""道德偶像"的传统角色中解放出来，成为学生健康心理、健康品德的促进者、催化剂，引导学生学会自我调适、自我选择。

（二）小学教师应是学生学习知识的组织者、引导者与合作者

新课程改革倡导学生主动参与、乐于探究、勤于思考、善于动手。这就要求教师调整教学行为和策略，转变角色，不再是知识的占有者、传递者，应成为学生学习的促进者。教师要帮助学生制定适当的学习目标，并确认和协调达到目标的最佳途径，指导学生形成良好的学习习惯，掌握学习策略，发展认知能力；要创设丰富的教学情境，激发学生的学习动机，培养学生的学习兴趣，鼓励学生将自己掌握的各种知识、实践经验带到课堂中，促进自主学习，使学生自己去实验、观察、探究、研讨，使他们全身心投入学习活动中，进而学习和掌握新知识。在教学中，教师要当好组织者和引导者，帮助学生积极主动地利用教材为自己的学习服务，教师不再缠绵于知识点的微观课程结构之中，而是倾心于成为教学情况的设计者和教学资源的组织者。

（三）小学教师应是学生学习能力的培养者

首先，教师作为知识传授者的传统地位被动摇了。现代科学知识量多且发展快，教师要在短短的几年时间里把所教学科的全部知识传授给学生是不可能的事情，而且没有这个必要。其次，教师作为学生唯一知识源的地位已经动摇。学生获得知识信息的渠道多样化了，教师在传授知识方面的职能也变得复杂化了，不再是只传授教科书上的知识，而是要指导学生学会如何获取自己所需要的知识，掌握获取知识的工具及学会如何根据认识的需要去处理各种信息的方法。总之，教师再也不能把知识传授作为自己的主要任务和目的，把主要精力放在检查学生对知识的掌握程度上，而应成为学生学习的激发者、辅导者，以及学生各种能力和积极个性的培养者，把教学的重心放在如何促进学生"学"上，从而真正实现教是为了不教。

（四）小学教师应是教育教学的研究者

在小学教师的职业生涯中，传统的教学活动和研究活动是彼此分离的，教师的任务只是教学，研究被认为是专家们的"专利"。教师不仅鲜有从事教学

研究的机会，而且即使有机会参与，也只能处于辅助的地位，配合专家、学者进行实验。这种做法存在明显的弊端，一方面，专家、学者的研究课题及其研究成果并不一定是教学实际所需，也并不一定能转化为实践上的创新；另一方面，教师的教学如果没有一定的理论指导，没有以研究为依托的提高和深化，就容易固守在重复旧经验、照搬老方法的窠臼里不能自拔。这种教学与研究的脱节，对教师的发展和教学的发展是极其不利的，它不能适应新课程的要求。新课程所蕴含的新理念、新方法及新课程实施过程中所出现和遇到的各种各样的新问题，都是过去的经验和理论难以解释与应付的，教师不能被动地等待着别人把研究成果送上门来，再不假思索地把这些成果应用到教学中去。教师应该是一个研究者，对自身的行为进行反思，对出现的问题进行探究，对积累的经验进行总结，使其形成规律性的认识。可以说，把教育学生与研究有机地融为一体，是教师自身能力持续发展的基础，是提高教学水平的关键，是创造性实施新课程的保证。

二、小学教师职业角色意识缺失的问题分析

小学教师在专业成长中出现职业角色定位问题固然有多方面的原因，但一个不容忽视的重要原因是小学教师角色意识的缺乏。有相当一部分小学教师没有认真思考以下问题：教师认为自身在社会中处于什么地位，在工作中又处于怎样的位置；与工作中不同对象进行互动时，教师分别将自己确定为什么身份，为什么进行这样的定位等；教师认为自身分别承担着哪些角色，每种角色具有什么样的权利与责任，相应的行为规范又是什么；教师应以何种方式去扮演这个角色等；教师对自身角色行为适宜性的认识与判断，对角色扮演困难度的判断与感受；在实践中教师感到何种角色的把握较为容易，何种角色的扮演较为困难；自身角色扮演受哪些因素的影响，角色扮演产生问题的原因在哪里，如何有效提高自身角色扮演的效果等。

不少小学教师在学生教育、课堂教学、自身专业发展上出现的问题，是教师角色的错位甚至失位引起的，这种错位和失位的主要原因是教师职业角色意识的缺失。有些教师虽然也知道教师的角色要随时代的变化和新课程的要求而改变，也能讲出教师应扮演哪些角色，但不清楚教学中与学生进行互动时自己到底应当是什么身份，是主导者还是引导者，是合作者还是指挥者，为什么要进行这样的定位，对自己身兼多种角色地位的价值没有足够的认识，即在教师

角色地位的认识和理解上模糊不清。一些教师虽然对教师角色地位有初步的认识和理解，但对教师角色规范的理解把握不准，对新时期教师角色多种定位的具体规范是什么很茫然。许多小学教师知道要成为学生学习的引导者，却不清楚自己作为引导者所承担角色的权利和责任是什么，具体应当怎样做才能准确地扮演和完成这种角色任务，而且对自己所要承担角色所需的能力估计不足，当所扮演的角色在实际工作中遇到困难和问题时不知从何处寻找原因。例如，新时期呼唤小学教师要成为学生心理健康的辅导者，这一角色需要小学教师掌握一定的儿童心理发展和心理健康教育知识。由于一些教师对自己能力估计不足，或自我效能感较低，在承担这一角色时常常遇到挫折，不能帮助学生解决心理问题，他们也不知道怎样才能提高角色扮演的效果，以促进学生的心理健康发展。这一切都反映出小学教师角色意识的欠缺。其主要问题在于教师对自身角色所要遵循的具体行为规范、每种角色相对应的行为模式、自身角色扮演出现困难，以及不适宜的可能原因是什么、可以从哪些方面进行调整与改善等思考得比较少，相关的认识也较为混乱。

这里还需提及的是，小学教师角色意识的缺乏，还与部分教师仍然没有摆脱某些传统教师角色定位局限的影响有关。例如，传统教师角色强调教师的权威地位，这就决定了教师在教学中的角色：教师即权威（在小学阶段教师这种权威地位更为明显），教师所讲的一切都是正确的，不容置疑，学生只能被动接受。这种权威地位表现在对学生的教育方面，就是过分强调教师的主导意识，使教师以成人的眼光去看待学生，忽视学生的心理需求和感受。同时，由于教师具有"权威"的优越地位，也容易导致教师不思进取，忽略自身素质的提高，满足于现状，对知识的拓展和学问的探究及学历的提高抱以冷淡和应付的态度，尤其忽视甚至反感对教育教学中出现的问题的研究。因此，小学教师如果仍然持有教师就是权威的角色意识，势必无法接纳新时期对教师角色的定位，无法履行教师角色的规范和职责。

三、强化小学教师职业角色意识的主要方法

教师角色意识在教师教育观念中居于核心地位，影响着教师的心理体验与感受，支配着教师的教育行为，从而影响着学生的健康成长，因此，强化教师的角色意识是提高教师专业素质、促进教师专业发展的重要途径。

（一）确立新型的教师教育观念，提高对小学教师角色地位的认识

教师应对自己的角色地位有充分的理解。传统的教师教育观强调知识的传递性、教师的权威性，因此，教师往往将自己的角色地位定位于课堂的主宰者，在教育教学过程中常忽视教师与学生之间的合作关系，忽视学生的主体意识，忽视教与学过程中知识的创造性。新型的教师教育观，强调教师既是知识的输出者，又是学生自主学习的引导者和学习方法的给予者，还是终身学习的实施者。传统的教师教育观更强调社会对教师的高要求，使理想教师角色成为一种"圣人"形象，教师们感到角色的重大压力，往往丧失了对工作的热情和幸福感。新型的教师教育观不仅强调教师的社会责任，也关注教师的生活质量和生命价值。小学教师确立起新型的教师教育观，才能对自身的角色地位有清楚的认识，才能在不同的教育场合定准自己的角色，体现出角色的应有价值，以此增强自我效能感，从而激活自己角色扮演的情感欲望。

（二）掌握新时期小学教师角色的规范和行为模式

小学教师要想准确扮演自己的职业角色，只有在了解角色规范的基本要求后才能够实现。如前面提到的因小学教师角色意识欠缺而表现出的种种问题，在很大程度上是由于对每种角色具体规范的基本要求不清楚，也就是说没有掌握角色的行为准则。因此，我们必须让每位小学教师对自己所扮演的角色的规范和行为模式有清楚的了解，并能依此履行角色的职责。新时期的小学教师应承担的一个重要角色，就是要成为学生学习的引导者。怎样做才可称为学生学习的引导者？申继亮在《新世纪教师角色重塑》一书中进行了如下概括：利用教师已有的知识经验和能力方面的优势，帮助学生在学习过程中保持明确的目标和方向；尊重学生的主体地位，多给学生提供自主独立活动的机会和空间，使学生在学习中经常处于主动探索的状态；激发学生的学习兴趣，鼓励学生的好奇心和创造精神，使学生敢于提问题，勇于解决问题；引导学生养成良好的学习习惯，掌握科学的学习方法，培养学生主动锻炼自己的各种能力；培养学生的自学能力，包括独立阅读的能力，做读书笔记的能力，使用工具书的能力，根据学习要求收集、分析、选择和使用信息的能力，对学习的自我评价和修正的能力等；教师在教学中还要注重学生的小组合作学习和学生的个体差异。教师只有努力依此规范去做，才有可能准确地扮演角色和完成任务。

（三）培养小学教师对职业角色行为及其结果认识判断的反思能力

强化教师角色意识，还有一点是不容忽视的，就是培养小学教师对自身角色行为及其结果的认识、判断与情感体验的反思能力。这种反思能力应表现为教师能实事求是地评价自己，对自己扮演角色所需要的知识、能力有清楚的认知，对自己能否驾驭所扮演角色有客观的评价，对在实施教师角色的实践中出现的困难和问题能及时予以分析，寻找原因，调整自己行为以适应教师角色的需要。只有这样，小学教师才能在承担角色的过程中不断地学习，积累经验，总结教训；才能不断提高教师角色的领悟水平和实践能力；才能不断调整角色行为，缩小角色差距，提高自身的适应能力，进而成功地扮演好新时期的教师角色。

综上所述，小学教师职业角色意识三方面的结构是密切联系的，教师对自身角色的定位、对角色行为规范的认识影响其角色扮演的体验。反过来，教师对角色扮演的认识与体验也影响自身的角色定位，影响自己对角色行为规范的理解。强化教师角色意识，就是在这三方面都要给予关注。只有教师形成了较强的角色意识，才能注重自身专业素质的提升，才能不断地完善自己，实施更积极、适宜的教育行为，才能自觉调整与学生的交往方式、互动行为，从而促进自身的发展，最终促进学生的健康成长与发展。

第二节　卓越小学教师的专业能力要求

随着教师专业化进程的发展，小学教育事业对教师专业能力的要求越来越高，而作为职场中的教师，其专业能力的发展也是无止境的。学校是教师职业生活的主要场所，教师通过职业活动提高自身专业能力是其职业生活的有机组成部分。基础教育课程改革如火如荼地推进，将教师置于风门水口，教师专业发展几乎与基础教育课程改革同时受到社会、学校和学术界不同层面的关注和不同领域的思考探索。从本质上说，教师专业发展是教师个体专业不断发展的历程，是教师不断接受新知识、增长专业能力的过程。教师要成为一个成熟的专业人员，需要通过不断的学习与探究历程来拓展其专业内涵，提高专业水平，从而达到专业成熟的境界。小学教师的专业发展，不仅关乎教师个体会成长为一个怎样的教师，还且关系到每一个学生的终身利益，关系到我国初等教育的整体质量与效果。

学校是教师进行教育教学实践的场所,也是塑造名师和教育专家的。与专业知识专业理念相比,教师专业能力发展在学校场景中能够更好地实现,将教师专业能力发展与其实际工作相结合,有效利用学校平台促进教师专业能力的发展,具有现实意义。不同地域的学校由于经济、文化、历史传统及行政决策等因素的影响,其教师专业能力发展的水平也有所不同。

一、影响小学教师专业能力发展的主要原因

（一）学校对教师专业能力发展的支持程度不同

促进小学教师专业能力发展的学校环境是指,小学在促进教师专业能力发展上的管理水平较高,学校采取了丰富具体的行为方式促进教师专业能力的发展。小学的学校组织管理也处于较高水平,学校在机构设置与制度方面比较完善。

大城市小学在物质、行为和制度等方面对教师专业能力的支持程度都高于小城市小学。以具体行为方面为例,某直辖市重点小学在一年中承办了10场高层次的"国培计划"[①];邀请了课程标准制定专家、学科教学专家等来校举办讲座;学校与大学和研究机构合作,做了8次课题研究报告;学校经常举办教师读书会;建立了教师课题研究制度和三级教研制度,且该校作为中心校,是三级教研活动的组织者。在所有的这些活动中,学校教师都能够参与进来,这对教师专业能力的提高具有非常大的促进作用。而某三线城市的一所普通小学主要通过举行教师教学评比活动、组织教师参加校内外教学示范与观摩、提供外出学习与培训机会等方式促进教师专业能力发展,这在一定程度上对教师的专业能力发展起到了促进作用,但是这些活动的层次水平、举办次数、参与人数与程度、活动的效果等方面都比不上大城市小学。大城市小学比小城市小学具有更优越的条件和资源,从这些具体行为方式的差异中可以看出,两地小学在对教师专业能力发展的支持程度上有所不同,从而影响到两地教师专业能力的发展水平。

---

① 中小学教师国家级培训计划,简称"国培计划",由教育部、财政部2010年全面实施,是提高中小学教师特别是农村教师队伍整体素质的重要举措。"国培计划"包括"中小学教师示范性培训项目"和"中西部农村骨干教师培训项目"两项内容。

（二）教师已有专业能力的基础不同

教师专业发展包括教师专业知识、专业能力、专业理念的发展，而且三者之间互相影响、互相促进，是不可分割的整体。教师专业能力发展水平的差异，与教师已有专业知识和技能的基础有密切联系。教师专业发展是一个长期的过程，不仅包括教师在从业过程中的发展，还包括作为一个受过正规学校系统教育的个体——教师已经具有的相应的自然科学和人文社会科学知识，相应的艺术欣赏与表现知识，适应教育内容、教学手段和方法的现代化信息技术知识，同时对我国教育的基本情况也有大致了解。教师入职前在师范院校接受专业教育，在准备教师资格考试过程中进行的各项专业知识的巩固与提高也是教师专业知识发展过程中的内容，在这个过程中，教师获取了从业所必备的学科专业知识、教育教学理论知识和关于学生发展的理论知识。

（三）教师职业情感和发展动力不同

学校是教师与学生在情感、理智等方面交流对话的场所，教师自身情意的展现与流露也影响着学生情感的发展，对其具有示范作用，而且言传身教的力量是巨大且久远的。有研究者指出，教师情感上的支持能够增强学生学业成就与自主性。作为职场中的个体，教师要与课堂内外的人、事、物交往，必定会涉及情感。哈格里夫斯（Hargreaves）在他的研究项目中探讨过教师的情感是如何与学生相联系的，是如何渗透在学校结构、教师教学等各个方面的。有研究发现，教师对职业活动的情感投入、师生的情感联系等都与其专业活动有关，包括教师如何进行教学、如何做教学计划、如何安排教学等，研究还发现教育教学改革必须接受并积极利用教师的情感。

二、促进小学教师专业能力进步的建议

新一轮基础教育课程改革和教师教育改革对教师的专业能力提出了更高的新要求，义务教育的优质均衡发展不仅对学生的全面和谐发展提出了新要求，也对教师群体的专业发展提出了新的期望。《教育规划纲要》中提到，"均衡发展是义务教育的战略性任务"，要求"优化教师队伍结构，提高教师专业水平和教学能力"。可见，教师教育改革已经进入均衡发展、能力为重的时代。"与善人居，如入芝兰之室，久而不闻其香，即与之化矣；与不善人居，如入鲍鱼之肆，久而不闻其臭，亦与之化矣。"学校作为教师的专业生活环境，教师总会不自觉地受到学校文化的浸润，学校会潜移默化地把它的教育教学信

念、态度、传统习惯和办事方式渗透到教师的心中。

（一）立足学校内部促进小学教师专业能力发展

1. 开展小学特色活动

人具有丰富的素质与潜能，而这些品质在一般情况下往往处于潜伏状态，只有当具备一定的外部环境条件和教育条件时才能得到开发。在现实的学校教育环境中，有一些因素可以激发人的潜能并使其得到充分发展。学校开展特色活动可以扬长避短，为促进教师专业能力充分发展营造良好的氛围。

学校应经常组织丰富多彩的活动，贯彻落实"国培计划"，聘请小学不同学科领域的专家和学者来校举办讲座或者上公开课，邀请宣讲团来校宣讲师德事迹等。教师们在活动中陶冶了情操，提高了自身专业发展意识，促进了专业能力的发展。笔者了解到，类似的活动，大城市小学每学期都会举办几十次，形式多样、丰富多彩的活动为教师专业能力的发展搭建了良好的平台。小城市小学也基本具有大城市小学的活动类型，学校注重提高教师的专业能力。但是与大城市相比，小城市小学的活动次数较少，互动参与人员的积极性较低，活动达到的实际效果较差。教师专业能力的发展是在充分依赖自身的发展意向和努力程度的基础上，借助学校等外部的力量才得以实现的。因此，教师的专业发展意识和努力程度对自身专业能力的发展具有决定性的影响。即使外部条件再优越，教师自身没有发展的意愿，其专业能力的发展也无从谈起。基于此，学校应该开展丰富多彩的特色活动，如邀请资深教师来学校举办讲座或参与到学校的日常工作中来，让教师们听老教师讲自己经历过的教育故事，使教师们从中获得精神上的感染和熏陶，提高对教师职业的热爱和追求，提高教师自我持续发展、终身发展的意识和能力。

2. 完善小学教师专业发展制度

学校制度是一种强制性的力量，对学校组成人员的行为进行引导、规范和约束，通过权利和义务的关系来调整学校中人与人、人与学校、学校与校外社会关系的规则体系，最终形成学校制度所期望生成的校园文化。学校制度是一种基本力量，贯穿在建设学校特色过程的始终。学校制度有静态与动态之分，静态的学校制度表现为以文本形式存在的规章制度，动态的学校制度表现为制度从制定到废除一系列过程与相关主体对其的认知、情感、行为。无论是大城市小学还是小城市小学，"校本研修"都是学校应用非常广泛的教师专业发展制度，在促进教师专业能力发展上发挥了重要作用。但是，随着这一制度的深入发展，在同一所学校内部，由于教师之间交流的深入，信息趋同，校本研修的持续发展效果受到影响。创新校本研修制度，开拓多方渠道，引入新的信息来源，建立新的信息交换共享和增值机制是完善教师专业发展制度的主要途径。

因此，学校应该积极与区级、市级甚至全国的小学建立深入合作机制，充分交流学校管理的经验，互通有无，共同研发，完善本校的教师专业发展制度。此外，学校还应建立健全教师个人成长追踪制度、听评课制度、多元评价制度、课题研究制度等，为教师专业能力发展提供充足的时间。有些大城市学校并不缺少制度，甚至过于制度化，关键是要把具体的制度落实到位。制度化的前提是制度本身是公正合理的，能够执行并具有权威性。

（二）立足学校外部促进小学教师专业能力进步

1. 形成"大学－小学"合作机制

霍姆斯小组在《明日的教师》（1986）的报告中建议中小学与大学，特别是大学中的教育学院建立密切合作的关系，以中小学为基地建立专业发展学校。此后，专业发展学校成为教师教育的一种新型模式并发挥了重要作用，促进了在职教师的专业发展，提高了教师培养的质量，促进了大学与中小学的深层合作。但是我国教师专业发展学校的本土化理论研究和运作机制仍存在一系列急需解决的问题，有待进一步探索和完善，如大学和中小学的文化冲突、地位不平等、合作目标和利益不一致、缺乏相应的政策和制度保障等。相关研究发现，大城市小学基本上都与相应的师范类院校有合作项目，包括见习、实习、课题研究等，但是这些传统的合作项目在形式和内容上已经无法适应专业发展学校的需要。研究者要把小学当作理论研究和实践的基地，开发和挖掘教育资源，深化与大学的合作内容，拓展合作空间。大学教师要积极主动地研究本土化基础教育理论，坚持实践取向，树立服务意识，深入学校与区域教育中，寻求合作伙伴，成立合作小组，明确各方的职责与义务。此外，构建起地方教育行政管理部门、大学、小学三位一体的合作模式，充分发挥教育合力。"校本教研"是深入推进"大学－小学"合作，促进教师专业能力发展的切入点，校本教研要结合小学真实的教育教学情境，开展各种形式的创新活动，如教师论坛、同课异构、课程改革项目开发等，使学术文化与实践文化真正融合，促进理论研究工作者与教学实践一线工作者在互动中吸收各自的教育信念、教育理念、思维模式和行为方式。

地方教育行政管理部门要加强干预力度，为教师专业发展学校建章立制，在高校与小学之间搭起沟通的桥梁，并为教师专业发展学校争取财政支持和资金保障。在高校专家与学者的支持和帮助下，学校通过建立专业性较强的学习网络、邀请高校专家来学校举办主题丰富的讲座、跟进支援等方式，来帮助教师提升专业能力。从一定程度上来说，这是帮助教师建立专业学习群体。教师有共同的学习目标，建构起了互相支持鼓励的群体文化，教师通过深入地探讨教育教学中遇到的问题来不断检讨自己的工作实践，从而提升自己的专业能力。

2. 加强区域网络教研平台与现实的联系

目前，网络教研出现了与现实之间断层的现象，有些教师完全将虚拟的网络空间看作自己抒发个人理想，甚至是发泄不满的地方，引出的话题更多的是表达自己的观点，忽视了与其他教师的深入交流。小学应建立区级网络教研平台，其中有教师论坛、公开课共享、师德事迹报告、课题研究与报告、政策解读等板块，教师可以在其中自由地表达自己的教育教学观点，与其他教师交流心得体会，观摩优秀教师的公开课，参与课题研究的讨论等。区级网络教研平台是促进教师专业能力发展的重要方式，如果利用得当，把现实中遇到的教育教学问题适当地搬进网络世界，教师们在同一个平台上提出自己的问题、共享经验，对解决现实中的问题有很大帮助。因此，学校应该充分利用网络教研平台，鼓励网络场景下的教师交往应当以工作实践为基础，避免其成为脱离教育教学实际的空中楼阁。同时，区域网络教研平台应建立从网络到现实的反哺机制。凝聚了广大教师智慧的教研平台如果不回到教育教学工作实践中来，那么处于网络场景下的教师们又会身陷闭门造车的尴尬情境，不利于输送实践型人才。

第三节　卓越教师培养背景下小学教师专业能力训练目标

一、世界教师教育的发展趋势

基础教育改革发展和教师标准的研究呼唤培养越来越多的卓越教师。世界发达国家为适应经济高速发展对高精尖人才的需求，从20世纪末着手对本国的教师教育实施全面革新，以期通过教师专业化水平的提升促进教育的发展，培养优质人才。

美国于20世纪80年代实施了卓越教师计划，相继发表了《国家为培养21世纪的教师做准备》和《明日之教师》两个报告，将促进教师专业发展作为教师教育改革的方向，其目的是加强对优秀教师的培养工作。由于工作开展的需要，美国还专门成立了《美国优秀教师专业教学标准》，旨在对中小学优秀教师进行评估和认证，以提高全美教师教育的质量。国家专业教学标准委员会实施国家高级教师资格证书计划，旨在为称职教师应该了解和能够做到的一切建立高质量的严格标准。该项计划的实施，不仅提高了教学的质量，还有效增强了教师的信心，坚定了教师的职业信念，积极推动了美国教育教学工作的顺利开展。此外，美国在20世纪80年代以后逐步形成了建立专业发展学校促进教师专业发展的政策，有效地促进了教师专业发展，促进了教师专业发展的一体化、终身化，促进了大学与中小学的联合，强化了中小学促进教师专业发展的功能，推动了积极探索实现教师专业发展途径的尝试。

英国政府于2001年颁布了《教学与学习：专业发展战略》文件，旨在促进教师专业的可持续发展，为教师群体提供专业发展的机会，以促进普通教师向卓越教师的转变。英国教育部还于2011年发布了题为《培训下一代卓越教师》的教育政策咨询意见稿，文件围绕加强中小学教师与大学教师间的教育合作、增加财政激励力度、吸引优秀毕业生加入中小学教师队伍等问题进行了深入的研究和探讨。英国教师教育的显著特点体现在以"学校为基地"的教师培养模式，即以中小学为基地，加强师资培训机构与中小学间的伙伴关系，强调中小学在教师培养中的作用，注重教育实习的地位，鼓励教师通过实践观察思考教学过程中的问题，探讨理论与实践的相关性，在提高教学效能的同时，推动理论探索。

综观世界各国关于卓越教师的教育改革，基本上是综合性的统筹规划发展，是多元化、全方面、深层次的。建立卓越教师认证机构，深化职前教师教育改革，颁布国家教师专业标准，制订科学合理的评价制度是教育改革面临国际新形势所采取的提升国内教师专业化水平的具体的改革措施，并在实践中取得了一定的成功。

二、卓越小学教师培养的现实意义

（一）卓越小学教师的培养有利于社会主义精神文明建设

在知识经济时代，经济发展和社会文明进步需要有思想好、素质高的人才作为支撑，而教师对年轻一代的思想道德水准和科学文化水平的高低有着重要的影响，以卓越教师为主体和核心构成的优质教育资源从根本上影响和决定着我国年轻一代的综合素质。所以，只有培养出卓越教师，才能真正培养一流人才，社会主义精神文明建设中的思想道德建设和科教文化建设的目标才能落到实处。

（二）卓越小学教师的培养有利于真正有效地开展素质教育

对学生进行综合素质教育，首先要对教师提出"卓越素质"的要求。我国著名教育家蔡元培[①]先生曾指出，教育的重要宗旨是"养成健全的人格"。由于学生健全的人格大多是来自教师的影响，因此，培养卓越教师是实施素质教育的必然要求，也是提高教育质量和有效开展素质教育的关键。其次，卓越教师的培养有利于打造高素质的教师队伍。当前，我国教师队伍中具有领军人物性质的卓越教师还比较少，卓越教师的理念还没有真正深入每位教师的思想和实际工作中。因此，把培养卓越教师的过程塑造成打造高素质的教师队伍、有效实施我国人才发展战略的过程十分重要。

（三）卓越小学教师的培养有利于高等师范院校大学生综合素质的培养

卓越教师培养计划的提出对高等师范院校教师教育工作提出了更高的要

[①] 蔡元培（1868—1940），字鹤卿，又字仲申、民友、孑民，乳名阿培，并曾化名蔡振、周子余，汉族，浙江绍兴府山阴县（今浙江绍兴）人，清光绪进士。祖籍浙江诸暨。教育家、革命家、政治家。民主进步人士，国民党中央执委、国民政府委员兼监察院长。中华民国首任教育总长。

求。实践证明，卓越教师的培养目标和能力素质要求对学生的才能塑造有直接的影响，而且这种影响一旦对学生产生积极的作用，就会对学生起到长久的导向作用乃至影响其终生。面对师范生这样一个即将走上社会的"准教师"人群，尽管卓越教师的目标离他们还比较远，但只有在大学期间向他们传授科学文化知识技能的同时，倾注更大的精力为他们树立卓越教师的目标以引导，他们将来才能更好地承担社会赋予的责任，他们成为卓越教师的进程才会进一步加快。

三、我国对卓越小学教师的培养要求

大学肩负培养人才、发展科学、社会服务三大职责，其中，培养人才是其根本职责。2010年6月，教育部根据《教育规划纲要》《国家中长期人才发展规划纲要（2010—2020年）》批准61所高校进入第一批"卓越工程师教育培养计划"。这是我国由工程教育大国向工程教育强国迈进的重要举措。与此同时，我国部分高校也开始了卓越医师、卓越律师、卓越教师等教育改革的探索。"卓"有"高超、高远"之意，"卓越"即为"非常优秀，超出一般"的意思。如今，卓越人才的培养已经成为高等教育改革追寻的目标。2014年9月17日，教育部决定全面实施卓越教师培养计划，旨在推动教师教育综合改革，培养让党和人民满意的好教师，其根本目的是满足基础教育对优秀教师的渴求。卓越教师培养计划也明确了建立高校与地方政府、中小学"三位一体"协同培养新机制，明确了高校与地方政府、中小学全方位协同的具体内容，提出要建立权责明晰、优势互补、合作共赢的长效机制；突出实践导向的教师教育课程内容改革，在教师教育课程中充分融入优秀中小学教育教学案例；探索建立社会评价机制，提出试行卓越教师培养质量年度报告制度；在整合优化教师教育师资队伍方面，提出建立高校教师教育师资队伍共同体，聘请中小学、教研机构、企事业单位和教育行政部门的优秀教育工作者、高技能人才担任兼职教师，形成教师教育师资队伍共同体持续发展的有效机制，这为卓越小学教师的培养指明了方向。

占全国教师总数比例最大的小学教师队伍，承担着基础教育的重任，发挥着教育奠基的作用。然而，我国传统的小学教师培养模式却存在着诸多问题：①教师教育实践技能训练的时间短且流于形式；②高等教育人才培养目标与基础教育单位用人需求不能有效对接；③人才培养模式课程设置中重视理论

课程，轻视实践技能课程；④教师队伍单一化，缺乏基础教育工作经验；⑤教学评价多为单一的结果性评价，较关注学习结果，缺乏对学生学习过程及能力培养的关注。以上种种问题，使得教师教育的理论培养与实践培养不能有效衔接和融合，不能有效地培养出高质量的卓越教师。教育实践是连接理论与实践的纽带，是引领未来教师进入专业领域的关键环节，又是培养未来教师职业能力的重要中介，卓越小学教师培养的必然途径是加强教育理论与教育实践的结合。

四、本科层次小学教育专业卓越教师的目标内涵

随着基础教育改革发展及教师标准的研究深入，人们对教师教育提出了新的要求，呼唤培养出越来越多的卓越教师。从现阶段看，我国大部分地区新入职的小学教师以本科层次为主。我国本科层次小学教师培养始于20世纪末，纳入高等教育体系的小学教师教育经过十余年的探索取得了丰硕成果。我们认为，作为本科层次的小学教育专业，是高等教育中以小学教师职业导向为基础的综合性教育专业。小学教育对象的特殊性和任务的复杂性，也决定了小学教师培养目标的定位和素质要求。卓越小学教师应具有鲜明的教师职业情感与倾向性，有扎实的教育理论与职业技能，有深厚的学科基础和执教学科的专长。随着小学入学人数的减少、小班化教学的实施，一名教师应能实施多学科的教学，同时，小学课程的综合化也要求小学教师具有复合的知识结构和多方面的素质。为此，我们确立卓越小学教师培养的指导思想是：立足基础教育实际与改革发展趋势，发挥多学科、强学科和跨学科的资源优势，以推动教师教育创新为基本理念，以提升小学教师职前教育的综合素质为根本宗旨。在深入研究的基础上，我们制定了以下小学教育专业卓越教师的培养目标。①具有积极、明确的专业情感和态度，并能自觉、有效地融于小学教育教学过程中。②具备基本的人文和自然科学知识以及多元文化的全球视野。③掌握小学多学科的专业知识和学科教学的特殊方法和技能，掌握教育教学的普遍知识和技能，能胜任小学多学科教学并在某一学科方向上有所专长。④创造适合不同学生学习的有效教学环境而实施个性化教学，具有对教育教学实践的反思能力、教育科研能力、专业上可持续发展能力及不断创新能力。

五、本科层次小学教育专业卓越教师的素质结构和指标体系

（一）素质结构

教师素质是教师作为专业教学人员，从事教学工作所应具备的基础性和通识性素养，它是以人的先天禀赋为基础，通过科学教育和自我提高而形成的具有一定时代特点的思想、知识、能力等方面的身心特征和职业修养。教师素质是在一定的历史条件下形成和发展起来的，应体现历史上对教师职业素质要求中的"相对稳定的""一般的"方面，也应体现在不同时代背景、教师不同职责和任务下，对其素质要求的具体方面。早在1987年，美国制定的优秀教师标准为美国教育事业提供了可靠的后备军，该标准认为美国优秀教师的人格特征主要表现在：①从事教育工作的使命感；②稳定而持久的工作动力；③对工作的事业心与上进心；④获取成就的动机与欲望；⑤对教学具有高度的自我调节和完善能力。美国学者肯·贝恩认为：卓越教学是包含正确做事和正确做人两个方面的教育。他还认为卓越教学的第一条原则是"尽力创造一种自然的、批判性的学习环境"，使学生在学习中参与问题的提出与解决的全过程，产生好奇心和兴趣，从而开启其积极的思维、智慧与潜能。2004年，国际培训、绩效、教学标准委员会将能力标准定义为：一套使个人可以按照专业标准的要求有效完成特定职业或工作职责的相关知识、技能和情感态度。具体包括专业基础、计划与准备、教学方法与策略、评估与评价、教学管理等5个方面18项能力指标，是一个较为权威的、最新的国际教师能力标准。可以看出，上述能力标准实际上是综合性的标准，包含了称职教师所应具备的知识、能力和情感态度。上述学者和组织关于卓越教师的特征及教师素质的研究，对我们制订卓越小学教师指标体系具有借鉴意义。

（二）指标体系

1. 专业精神

专业精神是教师高度投入、高度负责的工作状态和心灵状态。从某种意义上讲，教育是一项具有德性的实践活动，卓越小学教师是塑造人类灵魂的工程师，要有高尚的职业道德、思想情操和超出一般人的内在品质，要有敢于、善于用自己的良好形象影响学生和其他社会成员的专业精神。这种精神是教师素质结构的核心，制约其他素质的发展。

（1）职业道德

教师的职责是"教书育人"，教师的职业道德是教师在教育过程中应遵守的职业伦理规范。具体指标包括热爱教育事业，敬业、勤业；以身示范的职业精神；尊重知识，加强自我修养，不断追求专业创新；充分认识和尊重学生个性，热爱每一个学生；致力成为其他教育者的良好合作者，具备合作精神。

（2）专业情感

教师的专业情感是教师对教育教学工作的情感体验和理智性的价值评价，包括由对教育功能和作用的深刻认识而产生的光荣感与使命感，对教师职业道德规范的认同而产生的责任感和义务感。具体指标包括积极的专业认同感和使命感；不断提升自身教育品质的专业追求；对通过教育为学生的发展带来变化充满信心；能够体验教育过程的乐趣，并对教育教学的不断创新保有热情。

（3）个性品质

教师的个性品质是成功教师的重要特征，它与教师的品德、成就、内在气质相关。有研究表明，教师的个性品质与他们的教学成效之间存在直接影响。我们认为教师个性品质的具体指标包括友爱、诚实、谦虚、公平、公正；有创造力、有抱负、主动进取、喜欢挑战；热情、好奇、豁达开朗、耐心、平和、合作、有感召力。

2. 知识结构

教师要教给学生知识，自己首先要拥有知识。合理的知识结构是教师保证教学质量的前提。一个卓越的小学教师必须有深厚的普通知识、精深的学科知识、系统的教育专业知识。

（1）普通知识

教师应具备的普通知识包括基本的文学、历史、艺术、哲学、科学的普通知识，培养丰富的人文情怀和敏感的人性洞察力，为面对复杂的教学和不同个性的学生奠定知识基础。具体指标包括文学、历史、艺术、哲学、社会、环境、伦理道德等基础知识；普通的科学知识；人类不同文化传统的知识。

（2）学科知识

教师只有深入透彻地掌握所教学科的知识，才能居高临下地进行学科教学。具体指标包括学科内容知识、学科的特点和价值的知识、学科前沿和发展趋势的知识。

（3）专业知识

教师只有全面系统地掌握教育专业知识，才能确立先进的教育理念，正确选择教学内容和方法，把自己掌握的知识和技能传递给学生，促进学生的全面发展。教育专业知识一般包括教育学知识、心理学知识、学科教学知识和教学情境知识。具体指标包括有关小学生的知识；教育场景与管理的知识；小组或课堂运作、学区的治理与财政、社群和文化等知识；有关小学教育教学的目的、目标、价值的知识；小学课程的理论、设计、开发和实施的知识；应对课堂情境和实际困境所需要的知识；根据不同知识、不同学生予以个性化教学设计的知识。

3. 能力结构

教育能力是指教师达到教育目标，取得教育成效所具有的潜在的可能性。它由许多具体因素组成，反映出教师顺利完成教育教学任务的直接有效的心理特征。主要包括小学学科教学能力、小学班主任工作能力、小学教育反思能力、小学教育科研能力。

（1）小学学科教学能力

学科教学是教师工作的主要内容，随着小学课程的综合化趋势和小班化教学的实施，一名卓越小学教师应能胜任多学科的教学，同时应具有某一门学科教学的专长。具体指标包括学科教材内容的理解能力；学科教学的设计能力；组织和监控教学的能力；创就课堂教学方法的能力；利用板书和现代教育技术有效辅助教学的能力；正确评价学业水平和学科教学效果的能力；语言表达能力；处理教学过程中突发事件的能力；与学生沟通和交往的能力；与其他教育者合作的能力；针对学生个性因材施教的能力；国际视野和对多元文化的理解能力。

（2）小学班主任工作能力

小学教师不仅能教学，还要能承担班主任工作，教育管理学生并能开展丰富多彩的教育活动，促进学生全面成长。具体指标包括了解、研究学生的能力；组织教育环境的能力；班级管理工作的规划与设计能力；班级常规管理与班级活动的组织能力；指导学生学习、生活的能力；选拔和培养班级干部的能力；与学生的沟通能力及班级人际协调能力。

（3）小学教育反思能力

反思能力主要指教师在小学教育教学活动中，将活动本身作为反思的对象，不断地对自我和教学流程进行主动地检查、评价、控制、调节和改进的能力。具体指标包括对教育环境的反思能力；对教学过程、方法的反思能力；对教学管理、评价的反思能力；对具体学科知识和专业知识的反思能力；对自身能力和品性的反思能力；对学生个体发展和师生关系的反思能力。

（4）小学教育科研能力

教师的工作对象是人，人的复杂性和教育教学方式的多样性要求卓越教师必须具有一定的研究能力。这也是教师由职业型向专业型、专家型转变的素质要求。具体指标包括强烈的教育研究意识；教育教学问题的发现和确定科研选题的能力；根据研究问题检索和运用文献的能力；问卷设计、数据处理及运用软件的能力；提升教育教学经验，撰写教育学术论文的能力。

第四章 卓越小学教师专业发展

第一节 卓越小学教师专业发展的缘起与研究进程

一、教师专业发展起源

早在 17 世纪，欧洲国家部分职业群体已从众多的职业中分化出来，被社会认可为"专业"，但世界范围的教师专业化运动是在 20 世纪 60 年代后才开始的。特别是 20 世纪 80 年代以来，教师专业化发展成为人们关注的焦点，出现了由群体的、外在的、被动的教师专业化向更注重个体的、内在的、主动的、终身的教师专业发展的转向，并成为世界各国教师教育改革的共同主旨。对教师专业发展来说，这是一个极为重要的转向。

到 20 世纪中期，人们对教师职业的认识有了新的发展，逐渐认同教师是一种专业性职业。1966 年联合国教科文组织[①]与国际劳工组织（International Labour Organization，ILO）[②]在法国巴黎召开了"教师地位之政府间特别会议"，

[①] 联合国教育、科学及文化组织，简称"联合国教科文组织"，成立于 1945 年 11 月 16 日，总部设于法国巴黎，现有 195 个成员国。联合国教科文组织致力于推动各国在教育、科学和文化领域开展国际合作，以此共筑和平。主要机构包括大会、执行局和秘书处。

[②] 国际劳工组织是 1919 年根据《凡尔赛和约》作为国际联盟的附属机构成立的组织。1946 年 12 月 14 日，成为联合国的一个专门机构。其宗旨是：促进充分就业和提高生活水平；促进劳资双方合作；扩大社会保障措施；保护工人生活与健康。主要活动是：从事国际劳工立法、制订公约和建议书；提供援助和技术合作。该组织最高权力机构是国际劳工大会，每年开会一次。

大会通过的《关于教师地位的建议》提出：①教师是一种专业性职业，它是要求经过严格训练和持续不断的研究以获得并维持专业知识和专门技能的一种公共业务；②小学教师是在小学中承担实施初等教育任务，传递人类科学文化知识和技能，进行思想品德教育，把儿童培养成符合一定社会要求的人的专门人员。

从20世纪80年代开始，教师专业化的发展成为包括我国在内的许多国家教师教育改革的新方向和内容，探讨小学教师的专业性及其专业素养的构成，逐渐成为我国小学教师教育重要的研究领域，同时，这也是实施小学教师培养的重要理论基础。

（一）教师专业化的发展

1. 教师专业化运动的兴起与发展

20世纪下半叶，师范教育面临全球性危机。首先是世界各国都出现出生率下降的情况，因而对教师的需求量相对减少；其次是各国政府因经济上的困难而需要大幅度削减公共支出，往往将师资培训机构作为减少开支的对象；最后是许多国家的教育没有达到公众的期望和要求而导致国民对教育质量不满，自然出现对教师教育的批评。正是在这种情况下，各国从长期以来一直考虑教师"量"的需求转为对教师"质"的关注，开始强调"教师专业化"，提升教师职业的专业性和推进教师专业化进程成为各国师范教育改革和发展的主导思想，由此兴起了教师专业化运动。

教师专业化实际上是西方教育界一个探索已久的问题。早在20世纪初期，美国教育家杜威（John Dewey）就曾催促过新成立的教育学院，认为应该像培养建筑师、工程师、医生和律师一样来培养教师。20世纪30年代，教师专业化的发展已成为时代中一个"充满希望的信号"。此后，教师的专业属性在争论中逐渐得到明确，如教师职业被视为"半专业""准专业"或"中位专业"。1955年，世界教师专业组织在土耳其伊斯坦布尔召开会议，率先强调建立完善的教师专业组织，为教师争取更多的权利和更高的社会地位，推动了教师专业组织的形成与发展。

到了1966年，联合国教科文组织与国际劳工组织通过了《关于教师地位的建议》，奠定了教师专业发展的地位。教师专业化的理念从那时起逐渐成为人们的共识。1975年，联合国教科文组织第35届国际教育会议通过决议，强调教师培养和在职进修相统一的必要性。此后，师范教育逐渐延伸为考虑教师一生专业发展的教师教育，出现了师资培育一体化的概念，这又为教师专业化的进一步发展创造了条件。进入20世纪80年代，教师专业发展日趋成为人们关注的焦点和当代教育改革的中心主题之一。1980年6月16日，美国《时代》周刊一篇题为《危急！教师不会教》的文章引起了公众对教师质量的担忧，从而拉开了美国以提高教师素质、促进教师专业发展为核心的教育改革的序幕。随后，由高质量教育委员会于1983年发表的《国家在危急中：教育改革势在必行》、霍姆斯（H.W.Holmes）小组于1986年发表的《明天的教师》、卡内基（Carnegie）教育与经济论坛工作小组发表的《准备就绪的国家：21世纪的教师》、复兴小组于1989年发表的《新世纪的教师》、霍姆斯小组于1990年发表的《明日之学校》和1995年发表的《明日之教育学院》等一系列报告引起了学校和教育行政机构的极大关注。其中，尤以霍姆斯小组的系列报告的影响最大。他们认为要提高教学质量，一要确立教学工作的专业地位，二要建立起与这一专业性职业相对应的衡量标准；他们认为，教师教育的责任就在于培养出训练有素的达到专业化标准的教师，以确保未来学校对师资的需求，教师也可以凭借这一较高的专业水平而赢得较高的社会地位。

1989—1992年，世界经济合作与发展组织（Organization for Economic Cooperation and Development，OECD）相继发表了一系列有关教师专业化改革的研究报告，如《教师培训》《学校质量》《今日之教师》《教师质量》等，进一步促进了国际范围内教师专业的深入发展。1996年9月，第45届国际教育大会在瑞士日内瓦召开，主题为"加强变化着的世界中的教师作用"，强调教师在社会变革中的作用，并建议从以下四个方面予以实施：通过给予教师更多的自主权和责任提高教师的专业地位；在教师的专业实践中运用新的信息和通信技术；通过鉴定个人素质和在职培训提高其专业性；保证教师参与教育变革及与社会各界保持合作关系。大会提出，在提高教师地位的整体策略中，专业化是最有前途的中长期策略。这次大会被看作国际教师教育发展的一个里程碑。1998年，在我国北京召开的"面向21世纪师范教育国际研讨会"，进一步明确了当前师范教育改革的核心是教师专业化问题。这样，从20世纪60年代兴起的教师专业化运动在20世纪即将结束时，终于达成世界性的共识，那就是，培养具有专业化水准的教师是21世纪国际教师教育改革的目标。在从20世纪60年代开始的教师专业化运动中，美国、日本、英国等国走在了世界的前列。

2. 我国教师专业化的发展

新中国成立后，教师的职业属性得到了加强，在相当长的时期内，我国把教师与干部同等对待，但这只限于公办教师。在20世纪60年代以后，教师的种类较多，包括公办学校教师、民办学校教师、长期代课教师、临时代课教师、以工代教教师等。此时并没有提教师专业化问题，教师没有法定的身份和资格条件。1986年，国家试行教师职务制度，把教师作为从事教育教学工作的专业技术人员，规定了不同名称、等级和条件的教师专业技术职务。教师专业化问题在我国越来越得到重视，并被提升到"建立高水平、有活力的教师教育体系"与提高教师质量、加强教师队伍建设、促进教师教育改革和发展的重要策略的高度。目前，我国在推进教师专业化方面已经做出了一定的成绩。1993年颁布、1994年开始实施的《中华人民共和国教师法》（以下简称《教师法》）明确规定了"国家实行教师资格制度"，并授权教育部制定《教师资格条例》，授权国家教委制定《教师资格认定的过渡办法》等与《教师法》配套实施的法规。1995年国务院颁布《教师资格条例》，2000年教育部颁布《〈教师资格条例〉实施办法》，教师资格制度在全国开始实施。可以说，《教师法》使教师专业化上升到法律规定的层面，使教师资格制度成为国家实行的一种法定的职业许可制度。教师资格制度的法律法规促进了教师专业化水平的不断提高。可以这样说，我国的教师资格制度在"制度"这个层面上已经确定，其内容对教师专业化的要求非常明确。例如，《教师法》第三条中明确规定"教师是履行教育教学职责的专业人员"，第八条规定教师必须"遵守宪法、法律和职业道德，为人师表"，第十条规定教师要"有教育教学能力"，第十一条规定取得教师资格应具备的学历条件，而这些学历条件是以师范类专业为基础的。《教师资格条例》对《教师法》规定的取得各种教师资格的条件从加强教师专业化的角度进一步细化，如第六条规定"有教育教学能力应当包括符合国家规定的担任教育教学工作的身体条件"，第八条规定"不具备教师法规定的教师资格学历的公民，申请获得教师资格，应当通过国家举办的或者认可的教师资格考试"，第十六条规定"非师范院校毕业或者教师资格考试合格的公民申请认定幼儿园、小学或者其他教师资格的，应当进行面试和试讲，考察其教育教学能力；根据实际情况和需要，教育行政部门或者受委托的高等学校可以要求申请人补修教育学、心理学等课程"。教师资格制度是教师专业化的产物，它是国家实行的一种法定的教师职业许可制度。

《教师法》规定"教师是履行教育教学职责的专业人员",从法律上保障了教师作为专业人员地位的确立。

（二）对小学教师专业定位的研究

1. 对何为"专业"的讨论和认识

社会学学者常将职业分为普通职业和专业性职业两大类。"专业"特指专门性职业,是在社会学概念范畴下,从社会分工、职业分类的角度来定义的,指一群人从事的一种必须经过特殊教育或训练,具有较高深和独特的专门知识与技能,按照一定的专业标准进行活动,从而解决人类的社会问题,促进社会进步,获得相应的报酬和社会地位的专门性职业。

1948 年,全美教育协会（National Education Association,NEA）提出了专业的八项标准:含有基本的心智活动；拥有一套专门化的知识体系；需要长时间的专门训练；需要持续的在职成长；提供终身从事的职业生涯和永久的成员资格；建立自身的专业标准；置服务于个人利益之上；拥有强大的、严密的专业团体。

利伯曼（M.Lieberman）于 1956 年提出了专业的八条特征:范围明确,垄断地从事社会不可缺少的工作；运用高度的理智性技术；需要长期的专业训练；从事者无论个人、集体均具有广泛的自律性；在专业的自律性范围内,直接负有做出判断、采取行为的责任；非营利,以服务为动机；形成了综合性的自治组织；拥有应用方式具体化了的伦理纲领。

1984 年,曾荣光综合韦伦斯基（Wilensky）和古德（Good）的研究,提出了专业特征的十项指标:为社会提供不可或缺的服务；享有专业服务的专利权；接受长时间训练和入职辅导；具有一套"圈内知识"；有专业自主权；组成对成员具有制约力的专业团体；确立一套专业守则；获得社会和当事人的信任；享有相当的社会地位和职业报酬；不断接受在职培训和从事科研活动。1998 年,美国教育学者舒尔曼（L.S.Shulman）提出当代专业至少应具有的六个特点:具有服务的理念和职业道德；对学术与理论知识有充分的掌握；能在一定的专业范围内进行熟练操作和实践；运用理论对实际情况做出判断；从经验中学习；形成一个专业学习与人员管理的团体。

综合起来看,一种职业被认可为专业,应该具备以下五个方面的基本特征。

（1）这种职业具有不可或缺的社会功能

任何职业都具有一定的社会功能，对社会发展存在某些推动作用，因此，具有一定的存在价值。但不同职业的社会功能也是不同的，一般来说，能够被视为专业的职业对社会往往具有重要的作用和价值，它对社会所起的作用和贡献是整个社会继续存在及发展所不可缺少的力量，如果作为专业的职业所提供的服务不足或水准低，则会对社会造成严重的影响。

（2）这种职业具有完善的专业理论和成熟的专业技能

专业理论和专业技能是一种职业能够被认可为专业的理论基础和技能保障。一门专业必须建构起相对完整的、隶属于本专业的理论体系，并为具体的专业活动提供指导思想，指明专业发展的方向，具有明确的专业知识框架、专业活动的对象和范围，以及从事专业工作所需要的专业知识和专业技能。

（3）这种职业拥有服务的理念和明确的专业伦理规范

专业一方面是指精湛的学识、卓越的才能，另一方面指服务或奉献的专业道德或称专业伦理规范。专业伦理规范是这一职业群体为更好地履行职业责任，满足社会需要，维护职业声誉而制订、形成的自我约束的行为规范，具有一套一致认可的伦理标准。这一套伦理标准往往由一个专业的全体成员来共同遵守和全面应用。舒尔曼在1998年提出，"一个专业首要的社会目的就是服务。专业工作者应是那些接受了教育并且利用其知识和技能为不具备这些知识和技能的大众服务的人。他们内心要有为大众提供服务的倾向，有义务以道德理解为起点来运用复杂的知识与技能"，"并通过提供实际工作以表现出公正、责任感和美德来"。

（4）这种职业应具有高度的专业自主权，拥有权威性的专业组织

拥有高度的专业自主权和权威性的专业组织是一种职业成为专业的重要标志之一，也是专业实践和发展的内在要求。由于专业活动所依赖的专业知识和专业技能是本专业的内部知识和技能，相对于专业之外的人员来说是一种高深的学问和学术，这些专业知识和专业技能只能被专业人员所掌握，并为专业人员所垄断。因此，只有专业内部人员才有能力对专业内的事务做出判断，拥有控制业内事务的裁决权，并在专业内部形成一个对从业人员具有制裁权力的专业组织。

（5）从事这种职业的人员需要经过长期的培养和训练，还要不断地继续学习与发展

在现代社会体系中，某一类专业人员的形成，某一专家的造就，依赖长期的专门训练和专业发展。通过专业训练以获得本专业所必须拥有的专业知识和专业技能，这种专业训练往往需要较长的时间，如高度专业化的医生、律师等职业，其养成需要相对较长的时间。同时，个人职业生涯的不同阶段也与专业成长紧密相关。在漫长的职业生涯中，社会处于飞速发展的状态，个人在这复杂多变的社会中需要不断地学习和进修，不断地专业化，才能满足时代发展对本专业所提出的新要求，这也是个体专业发展的核心内容之一。

2. 对小学教师是否是专业人士的讨论

教师这一职业是否是专业？小学教师是否是专业人士？对此，不同的学者持有不同的看法。对于前一个问题，美国社会学家埃利奥特（J. Elliott）等西方学者认为，教师与医生、律师、牧师职业被并称为"四个伟大的传统专业"。但很多学者认为教师这一职业还没有真正发展到"专业"这个程度，还处于"准专业"的水平。

教师这种职业要成为一种专业，就需要教师拥有其他非教师资格的人所没有的专业知识和专业技能，从事着非教师资格的人所不能替代的工作。否则，由于对学生的分析缺乏专业人士的眼光、科学认识的基础、有效研究的方法和手段，我们的教师往往会根据自己的经验来做出判断。这些判断往往与社会中其他人员如家长们的看法并没有多大区别，所以，有些教师会感叹有些家长比自己还要"懂教育"，害怕遇到这些家长。事实上，这种现象恰恰说明我们的教师缺乏专业性，与社会中的其他人员没有差别。家长与教师的差别在于教师应该是一名专业人士。教师要成为一名专业人士，必须充分了解其教育工作的对象——学生。一名专业的教师需要了解学生的认知过程和规律，知道学生身体的成长、心理的发展过程和规律。教师个体的专业发展的首要任务就应该是认识、了解、研究学生。教师的专业性还表现在能为学生个体的发展和学习提供合理的指导。这种指导也必须建立在教师对学生个体充分了解和科学认识的基础之上。从这一点上说，教师个体要专业化，也必须先研究学生。学习和认识学生发展的规律对教师来说是一个最根本的基础，是专业教师所拥有的前提性素养。作为为学生提供发展指导的教师，对学生的认识，对其在情感等方面的发展进行深入细致的了解是其成为专业人士的前提。当小学教师拥有这些专

业属性之后，应该可以成为一名专业人士。

3. 对小学教师专业化的讨论

专业化最初是社会学中的一个概念，其含义是指一个普通的职业群体在一定时期内逐渐符合专业标准、成为专门职业并获得相应专业地位的过程。教师专业化就是教师的专业发展过程。一个职业群体的专业化是一个持久的过程，其成员必须不断地改进自己以适应社会变化的要求，并得到社会的认可。尽管国外教育学者对教师专业发展有各自的说法，但它一般被理解为教师由非专业人员成为专业人员的过程，即教师的专业成长或教师内在专业结构不断更新、演进和丰富的过程。

小学教师专业化主要指小学教师在整个专业生涯中，依托专业组织，通过终身的专业训练，习得教育专业知识与技能，实施专业自主权，表现出专业道德，逐步提高自身的从教素质，成为良好的小学教育专业工作者的专业成长过程，也就是一个人从普通人变成教育者的专业发展过程。正如英国教育社会学家莱西（C. Lacey）所说的："教师专业化是职业专业化的一种类型，是指教师个人成为教学专业的成员，并且在教学中具有越来越成熟的作用这样一个转变过程。"对何谓教师专业发展，研究者们有众多定义和解释，我们暂且采用其中的一种界定："增进教育者专业知识、技能和态度的过程和活动。"也就是说，教师专业发展是一个过程，其目标是通过发展使教师具有促进学生发展和进步的知识、技能、态度。从这个意义上说，教师的专业性最终表现在促进学生的学习和发展上，这就说明，教师与非教师资格的人的最大区别就在于教师了解学生，对学生有充分的认识，能对学生的学习和发展做出合理指导。从这个意义上说，若要促进教师的专业发展，其逻辑起点应该是认识学生和研究学生。

诚如上述，教师专业化和教师专业发展是近年来在教师发展领域经常出现的两个词。一般来说，教师专业化在本质上强调教师的成长和发展的历程，主要包括三个层次：一是指教师个体的专业水平提高的过程；二是指教师群体的专业水平提高的过程；三是指教师职业的专业地位确立和提升的过程。教师专业发展就是指教师个体专业水平不断发展的历程。从广义的角度来说，两者的概念是相通的，均指加强教师专业性的过程。但从狭义的角度来说，它们之间还是有一定的区别的。教师专业化更多是从社会学角度加以考虑的，主要强调教师群体外在的专业性提升；教师专业发展更多是从教育学角度加以界定的，主要指教师个体内在的专业性提高。本书主要阐述小学教师专业发展问题。

二、卓越小学教师专业发展的研究进程和取向

从世界范围来看，教师专业发展已成为各国教育界所关注的一个热点，不仅要在理论上研究教师专业发展，还要在实践中推进教师专业发展。

（一）小学教师专业发展的研究进程

纵观世界各国的小学教师专业发展，可以清楚地看到其研究进程和一些共同的特点。

1.教师专业发展理念的逐渐确立

在教师专业发展方面走在前列的美国、英国和日本等国家，人们开始关注教师专业发展的理念。美国教育学者从纵向和横向两个维度来理解教师专业发展，在纵向上教师专业发展被理解为一个连续的、包含职业生涯在内的终身过程，在横向上教师专业发展被理解为一个动态的、复杂的正式学习和非正式学习的过程。英国教育学者认为，教师专业发展强调教师是履行教育教学工作的专业人员，以及教师要经历一个从不成熟到相对成熟的专业人员的发展历程，包括教师的职前教育、入职教育和在职继续教育三种形式。日本教育学者提出，教师专业发展应该包括专业理想和专业道德、专业理论知识和专业技能、自主权三个方面。

有些国家在教师专业发展上尽管起步稍晚，发展稍慢，但它们仍在不断拓展教师专业发展的理念。在法国，教师专业发展已被理解为职前教育、在职培训一体化的过程。俄罗斯教育学者认为，在教师专业发展中，要追求教师的个性化发展，符合研究者、学者、实验家等要求的那些素养尤为重要。印度、埃及和巴西等发展中国家也对教师专业发展的理念进行了思考，强调通过教师专业发展培养专业知识丰富、能够自我发展提高、追求终身教育的教师。

应该指出的是，在有些国家，政府在教师专业发展中起到了重要的作用。例如，教师专业发展就是英国政府在教师教育的改革中所关注的中心领域之一。通过相关的法令、白皮书和咨询文件，英国政府不仅推动了教师专业发展理念的深入，还使教师专业发展成为教育政策的内容。在有些国家，教育团体在教师专业发展理念的更新中起到了关键的作用。例如，最初由美国17所著名大学教育学院院长组成、现已发展到包括美国所有50个州主要大学领导人在内的霍姆斯小组，在很大程度上影响了美国教师专业发展的理念，其影响也

波及世界其他国家和地区。

在我国的小学教师教育中，教师专业发展的理念也得到确立，其表现主要有：第一，小学教育专业得到确立，国家对小学教师任职资格有了明确的规定，既有学历条件的规定，也有教育教学知识和能力及教师职业道德的要求；第二，出台了有关小学教师教育的培养目标和课程设置及相应的文件；第三，已完成了对教师资格制度及小学教师继续教育体系的建立；第四，有关小学教师教育及小学教师专业发展的研究成果不断涌现。这些方面都表明了我国在小学教师这一职业的认识上已确立起"专业发展"这一理念。

2.教师专业发展机构的创建与创新

教师专业发展意味着教师培育一体化，具体包括职前教育、入职教育、在职培训（或称继续教育）三个方面。用英国教育学者的观点来说，那就是职前教师的专业培养、新任教师的入职培训及在职教师的专业发展。

除了负责教师培养和职后培训的教育机构，一些国家的教师专业发展的措施和机构也不断出现。其中，最突出的是英国的"校本教师培训计划"和美国的"教师专业发展学校"。

一是校本教师培训计划。20世纪70年代中期，作为实施"教师培训的新概念与新策略"的校本教师培训最先在英国产生。它针对之前将教师培训由大学或教师教育机构进行而产生教育理论与实践相脱节这一问题，指出教育理论难以应付复杂的教育实践和解决教育问题，致使教师的自主性受到压抑，影响教师培训的效果。于是，一些国家的教育学学者开始重视中小学在教师培训中的地位。随着20世纪80年代中期以后各国教师专业化运动的不断发展，英国和美国都开始大规模地实施校本教师培训计划，要求教师积极参与以学校为中心的各种教育改革计划，确认教师在课程改革、教学改革中的地位。校本教师培训计划的基本特点是高等教育机构与中小学之间建立伙伴关系。这种伙伴关系一般有两种类型：一是英国类型，以中小学为培训基地；二是美国类型，以大学为培训基地。随着教师专业化运动发展的深入，教育界人士包括教师本身认识到，中小学不仅是培养学生的场所，还是教师专业成长的基地。应该看到，校本教师培训计划的初衷在于解决教育理论与实践之间的分离。继英国和美国之后，其他一些西方国家也接受和实施了校本教师培训计划。20世纪90年代，校本教师培训计划还被推广到东南亚国家及非洲和拉丁美洲的一些国家。在英国，随着《1988年教育改革法》和教师证书制度的实施，教师的校本培训已成为一项国策，由地方教育当局负责实施并给予特别拨款。

二是教师专业发展学校。虽然教师专业发展学校是在当今美国以教师专业发展为核心的教师教育改革运动中应运而生的，但它自20世纪初期就已见端倪。当时，美国教育家杜威发起和倡导在大学校园建立的实验学校，在某种意义上，它在中小学和大学之间建立了一种伙伴关系。20世纪80年代中期，这种中小学与大学的合作关系得到复苏。应该指出，霍姆斯小组的三份报告直接推动了教师专业发展学校的发展。特别是1986年发表的题为《明天的教师》的报告明确提出建立一个新的场所来训练未来的教师，这一场所就是教师专业发展学校，它类同于医学教育中的教学医院。而对教师专业发展学校来说，其首要问题就是中小学与大学建立伙伴关系，即合作关系。美国教育家古德莱德（J. I. Goodlad）认为，这种合作关系不是一种方案，而是一种生活方式。此后，美国的华盛顿大学、犹他大学、南卡罗来纳大学、威斯康星大学、得克萨斯理工大学、路易斯维尔大学、西弗吉尼亚大学、佛罗里达州立大学等先后与中小学校一起建立了教师专业发展学校。据统计，到2000年1月，在美国教师教育认可委员会（National Council for the Accreditation of Teacher Education）认可的525所教育学院中，已有166所教育学院建立了自己的教师专业发展学校。整个美国的教师专业发展学校已达到1 000多所。

在教师专业发展浪潮的推动下，我国的小学教师教育已打破了封闭的体系，形成了定向与非定向、普通师范与职业师范、师范专业与非师范专业并举的教师专业发展格局。"师徒制"[①]仍然是我国小学教师入职后重要的专业发展途径。新教师入职教育的出现，教师继续教育的实施，校本培训的开展，教师培训基地的建立，为教师个体的专业成长提供了多元的途径。

3. 教师专业发展状况的不平衡

从世界各国的教师专业发展来看，其状况并不平衡，主要表现在两个方面。首先，发达国家与发展中国家相比，发达国家的教师专业发展要高于发展中国家。在第二次世界大战后，随着教育改革和发展的深入，发达国家对教师教育问题给予越来越多的关注。尤其是20世纪80年代以来，教师专业化成为其教育改革的主旋律，从而极大地推动了教师的专业发展：或通过教师专业标准的制订和资格认证制度的建立，或通过教师团体发表相关报告，或通过专家

---

① 师徒制，在我国由来已久，即老师带领学生进行学习、工作，使学生更好、更快地融入工作当中的一种制度。

学者做讲演和出版论著。由于传统和历史，发展中国家在教师专业发展上起步较晚，无论在教师专业发展的理念上，还是在教师专业发展的实践上，发展中国家还没有达到发达国家的深度和广度。但是，教师专业发展的国际潮流已对发展中国家产生了重要的影响，推动着教师专业发展。概括地讲，发展中国家的教师专业发展已呈现出一些特征，例如，赋予教师专业含义，教师教育从侧重数量到追求质量，提出教师专业化的要求，重视农村教育师资的发展等。

其次，发达国家之间相比，美国、英国和日本是在教师专业发展上走在前列的国家。在美国，20世纪90年代被人们称为"教师专业发展的年代"，实施教师专业发展已被视为美国教育革新的重要途径，其具体表现是：教师专业发展重心的转移，规模的扩大，内容的深化，评估标准的多元化。在英国，20世纪90年代后，以中小学为基地，国家着力提升教师的专业水平。教师专业发展问题不但成为英国政府教育政策中的一个论题，而且教师的专业水平提高已被视为英国教育改革的关键所在。在日本，教师专业发展受到了政府及教育界的重视，并呈现出发展速度快、各项制度完善、教师专业水平高的特点。世界各国教师专业发展之所以存在着不平衡的状况，其影响因素是多方面的，既有理念上的，也有政策上的，又有传统和历史的。以美国教师专业发展为例，影响其教师专业发展的因素包括：连续的政策性支持、种类繁多的教师组织、社会文化心理及社会专业化潮流等。因此，教师专业发展过程中忽视其中任何一方面因素的影响都是不恰当的。这也表明，在教师专业发展问题上，我们既要从理念层面上进行思考，也要从政策层面上进行思考，还要从传统和历史层面进行思考。

面对教师专业发展的国际潮流，我国从20世纪80年代后期起也对教师专业化问题给予越来越多的关注。尽管与世界发达国家相比，我国在教师专业化方面还存在着一定差距，但教师专业发展已成为政府与教育界学者的一种共识。完善教师教育一体化机构体系及发展具有中国特色的教师专业化等的举措和认识，必将进一步规范和推进我国的教师专业发展。

展望世界教师专业发展的趋势，可以知道，随着对教师和教师教育问题的进一步关注，世界各国的教师专业发展将在理念和政策两个层面得到更好的体现，其深度和广度都将达到一个新的水平。1996年，以法国前财政部长、欧盟委员会主席德洛尔（Jacques Delors）为主席的国际21世纪教育委员会（The International Commission on Education for the Twenty-first Century）在向联合国教科文组织提交的题为《教育——财富蕴藏其中》的报告中强调："我们对下一世纪的展望是：对学习的追求在整个世界上不仅被个人也被当局所看重，不但视之为达到目的的一种手段，而且视之为目的本身。每一个人都将受到鼓励并得到可能在整个一生中享受学习的机会。因此，对教师的期望和要求将尤为提高，因为上述展望能否实现，在很大程度上取决于教师。教师在培养青年人方面肩负着至关重要的使命，要使他们不仅能满怀信心地迎接未来，更能自觉地建设未来。教育面临的新挑战——对发展有所贡献，帮助人们理解并在一定程度上适应全球化现象，促进社会团结——这些都必须从小学和中学起就着手解决……教师作为变革现状、促进理解和宽容的活跃分子，其作用之举足轻重从来没有像今天这样明显。"应该看到，这段话指明了教师在当今世界的重要地位和作用，这正是世界教师专业发展的根本动力所在。在世界各国的教育改革和发展政策中，教师专业发展必将受到前所未有的重视，并对各国的教育改革和发展的实践产生难以估量的影响。

（二）教师专业发展阶段的研究取向

在教师专业化研究进程中，学者研究最初大多采用的是社会学角度的群体专业化的策略，强调教师群体的、外在的专业提升，而后逐渐将视角转向教师个体的、内在的专业化。这种强调教师个体的、内在的专业化被人们更多地称为教师专业发展。这两者在广义上是相通的，都指向加强教师专业化的过程；但在狭义上是有所区别的，那就是从不同的思维角度强调教师专业水平的提升，体现了不同的取向。

1.组织发展阶段

在教师专业化进程中，最初大多研究的是群体专业化策略，它重在提升教师的整体素质，以提高教育教学工作的专业水平。在这一时期，教师专业组织起到了至关重要的作用。因此，教师群体专业化阶段又被称为组织发展阶段。组织发展阶段又存在两种不同的取向：一种是谋求整个专业社会地位提升的工会主义（trade unionism）[①]取向；另一种是强调教师入职高标准的专业主义（professionalism）取向。这两种不同的取向又使得不同的教师组织走上了不同的教师群体专业化道路：一种是以罢工为主要形式以谋求社会对教师专业的

[①] 工会主义，或称劳工总会、工人联合会。工会原意是指基于共同利益而自发组织的社会团体。这个共同利益团体诸如为同一雇主工作的员工，在某一产业领域的个人。工会组织成立的主要意图，是使成员可以与雇主谈判工资薪水、工作时限和工作条件等等。

认可和其经济地位、工作条件的改善；另一种通过制订专业标准和规范，要求教学专业人员改善对社会的专业服务水平。

20世纪80年代之前，教师专业化运动在美国并没有取得实质性的进展。但在20世纪80年代以后，由于工会主义途径日益艰难，人们对长期忽视教师教育教学技能提高的做法予以强烈的批评；因此，通过专业组织的内部专业自治，制订较高的任职、专业许可和资格认定标准，获得教师整体素质提高的专业主义逐渐占据上风。1980年，《世界教育年鉴》以"教师专业发展"为主题收录了一系列文章，提出教师专业化目标有两个：一是把教师视为社会职业分层中的一层，专业化的目标是争取专业地位与权利及力求集体向上流动；二是把教师视为提供教育教学服务的专业工作者，专业化的目标是发展教师的教育教学知识与技能，提高教育教学水平。随着世界范围内经济竞争与科技竞争的加剧及世界性教育改革浪潮的出现，人们逐渐认识到，只有使教师教育水平不断提高，才能造就高质量的教育。因此，在美国，无论国家的教育法令和政府领导人的讲话，还是教育组织发表的报告，都提到把"促进教师专业化发展"列为美国教育发展的目标。

然而，以专业标准为基本特征的专业主义依靠专业制度只能筛选出合格的教师，却无法保证每一位教师在知识、技能、情意上的不断改进和提高。专业标准的制度化使得教师为了获得相应的社会地位，只能被动地达到外界所规定的专业标准，而不能给教师提供真正意义上的专业指导，真正促进教师的专业成长。而要达到这一点，就必须追求教师个体的、内在的、主动的专业化。

2. 专业发展阶段

由于工会主义的每况愈下和专业主义的收效甚微，世界各国教育学学者开始反思教师专业化运动的历程。实际上，1980年以"教师专业发展"为主题的《世界教育年鉴》的发表，已经表现出教师教育向教师专业发展的转向。其理论研究的重心开始从教师群体的专业化转到教师个体的专业发展，教师个体的内在能动性越来越受到重视。教师除了拥有传统的学科知识和必要的教学技能技巧，还必须拥有一种扩展的专业特性（extended pro-fessionalism），也就是说，教师有能力通过系统的自我研究或通过在课堂中对有关理论的检验实现专业上的自我发展。从英国教育学者斯腾豪斯（L. Stenhouse）的"教师成为研究者"到埃利奥特的"教师成为行动研究者"，再到澳大利亚学者凯米斯（S. Kemmis）等人的"教师成为解放性行动研究者"，可以看出人们对教师获得专业自主和专业发展的强调。20世纪80年代以来，有关教师专业发展的理论研究一般可以归纳为三种取向。一是理智取向的教师专业发展，主张教师最重要的是教学专业最基本的两类知识，即学科知识（content knowledge）和教育知识（pedagogical knowledge）。二是实践—反思取向的教师专业发展。尽管其术语与研究方法各异，但表现出两个共同特点：①强调"实践"本身的丰富内涵，关心教师实际上知道些什么；②主张以这样或那样的方式促发教师的反思。三是生态取向的教师专业发展，其视角更为宏观，主要关心的不是具体内容，而是专业发展的途径与方式。

在许多西方国家中，与教师教育相关的报告和法案等也表明了教师专业化向教师专业发展的转向。美国霍姆斯小组提出"教师专业发展学校"的概念后，美国教学和未来委员会（the National Commission on Teaching & America's Future, NCTAF）于1996年和1997年相继发表两份重要的报告——《什么最重要：为美国未来而教》和《做什么最重要：投资于优质教学》，指出培养有能力的、高质量的教师是决定学生成就的至关重要的因素，招聘、培训支持将来美国所有学校中的教师的蓝图是实现美国教育目标的唯一重要战略，提出了有关教师专业发展的六大目标和五项建议。2000年5月，该委员会又公布了经修订后的标准，强调教师候选人所能展示的学科知识及将这些知识教授给学生的技能，并将鉴定的重点从内容转向内容实施后的结果。该委员会2003年1月又发表了报告《决不让梦想破灭：向美国的儿童保证》，提出在2006年将教师离职率控制在50%以内的目标及相应的策略。

英国1983年的教育白皮书《教育质量》《1988年教育改革法》、1989年的《教师证书制和教师试用期制度》，以及1992年英国教育与科学部颁布的《教师职前训练改革》，立足点都是促进教师专业发展，以提高中小学教育的质量。

在日本，除各培养教师的大学主要担负在职中小学教师的培训外，一些大学如京都大学、北海道大学的研究生院自1993年开始探索设立临床教育学讲座，从理论与实践结合的角度摸索教师专业发展的途径。

德国于1992年颁布《教师继续教育法》，严格规定中小学教师必须不断参加各种形式的研习、讨论和在职教育，若连续三年少于六周或不参加者，则要被取消教师资格。法国于1989年公布了《学校系统定向法》，提出了法国教师教育一体化的重大决策，以支持教师专业发展。

此外，还有一些国家的政府纷纷建立奖励机制，以促进教师专业发展。例如，"没有进修就没有升薪"在英国已成为现实；日本也适时出台了休假研修制度，即中小学教师服务六七年后，至少可以获得半年或一年的休假时间留职带薪参加学习等。

第二节 卓越小学教师专业发展内涵与模式

一、卓越小学教师专业发展的内涵

（一）小学教师专业发展的心理学和文化学透视

前文提及，1980年的《世界教育年鉴》以"教师专业发展"为主题发表的一系列文章，提出了教师专业化的两个目标。一是把教师视为社会职业分层中的一个阶层，专业化的目标是争取专业的地位与权力，这种把教师放在整体社会结构中的分析是社会学者的研究取向。二是把教师视为提供教育教学服务的专业工作者，专业化的目标是发展教师的教育教学知识和技能，提高教师的教育教学的水平，这是教育学者所追求的。其实，教师专业发展是一种综合成长，涉及许多领域。从心理学的角度看，小学教师专业发展过程是教师培育专业理想、形成专业自我、产生职业认同、提高自我效能、激发成就动机的过程。从文化学的角度分析，教师专业发展是社会文化发展的必然要求，其发展过程在文化输入、文化传播、文化批判、文化创造中进行，其发展的最终目标是形成教师专业文化。

1. 小学教师专业发展的心理学透视

从心理学的角度看，小学教师的专业发展过程是教师的自我专业发展意识、自我认识、职业认同、自我效能感、成就动机的变化发展过程，是专业自我、专业理想、职业体验的结合体。

（1）自我专业发展意识

自我专业发展意识是个体基于现实的需要，对照专业发展要求，而形成的对自己未来发展目标的系统化、理论化的认识，是教师自觉的职业规划意识，是社会发展的客观要求在个体心理的反映。它是教师对照教师专业化的要求，根据社会对教师的特定要求，不断习得与教师相关的角色期望和规范的精神追求，是努力实现预期目标的理想状态的反映，是形成教师独特生活方式的基础。

叶澜教授认为，教师的自我专业发展意识，从时间维度看，包括对自己专业发展过程的意识、对自己现在专业发展状态和水平的意识，以及对自己未来专业发展的规划意识。自我专业发展意识能将教师的发展过程、目前的发展状态和以后可能达到的发展水平结合起来，使得教师能够"理智地复现自己，筹划未来的自我，控制今日的行为，使已有的发展水平影响今后的发展方向和程度，使得未来发展目标支配今日的行为"。可以说，没有教师的自我专业发展意识，就很难有教师理想的追求，也就难以有自我潜能的挖掘，也就不可能有教师的快速成长。正是教师的自我专业发展意识所扮演的对教师自身专业发展路线的调节、监控角色，才使得教师专业发展朝着积极的方向不断推进。因此，自我专业发展意识是教师成长的基石。

（2）自我认识

自我是人格的核心，人的心理生活是由自我建构的，自我以对自身及自身有关的事件的解释构建起自己的心理世界。教师把自己作为稳定的主体来认识，并通过一定的标准，与他人及他人的评价进行比较，形成对自己的个性、能力、态度和价值观的认识，形成现实和理想的自我概念，即自我认识。在意识的不同状态上，自我认识既表现为直觉的自我意识，也表现为对自我整体的对象化意识。可以说，自我认识是教师专业发展的前提。

（3）职业认同

职业认同在很大程度上决定着教师的教学方式、成长方式和对待教育的态度。在目前的有关职业认同的研究中，有的重点强调教师角色，有的重点强调与职业认同发展密切相关的反思、自我评价，但大部分研究者把教师职业认同看作成为或作为一名教师的"个体的"和"职业的"两个方面持续综合的过程和状态。从过程看，教师职业认同是个体自我从自己的经历中逐渐发展、确认自己的教师角色的过程；从状态看，教师职业认同是教师个体对自己所从事的教师职业的认同程度。教师是人类文化的继承者、传播者和促进者及新文化的创造者：通过言传身教影响着学风，推动着社会的精神文明建设；通过教学、科研和教书育人的工作，影响着学生的成长和发展；通过科技开发、人才培养、社会服务，促进社会物质生产的发展。教师对自己所从事的职业的认识、对自己承担工作的意义的理解，能使自己产生光荣感、责任感，同时促使自己思考以什么样的素质来完成好工作,怎样完善自己的专业素养,加快自己的专业成长等问题。可以说,教师职业认同是教师专业发展的关键。

(4)自我效能感

自我效能感理论作为关于主体自我的现象学理论,描述的是主体的现象学特征,是教师本人关于自身能力的预期、感知、信心或信念,是对自身能力的判断和评估。它在调节自身的行为中发挥着能动性,决定着主体的行为和环境选择、行为的坚持性、行为努力程度及行为成就。教师的自我效能感分为个人教学效能感和一般教育效能感两个方面。个人教学效能感指教师认为自己能够有效地指导学生,相信自己具有教好学生的能力;一般教育效能感指教师对教育在学生发展中所起的作用等问题的一般看法与判断,即教师是否相信教育能够克服社会、家庭及学生本身素质对学生的消极影响,有效地促进学生的发展。国外的大量研究证实,教师的自我效能感对教学效果存在显著影响。教师的自我效能感会影响他们的具体教学行为和教学方式,进而影响着学生的学习成绩,同时影响着教师自己的成长。

(5)成就动机

成就动机理论是美国哈佛大学麦克利兰(David C. McClelland)教授等人在20世纪50年代创立的一种激励理论,认为成就动机是人们追求卓越、力求成功的一种内驱力。麦克利兰等人以此来解释人们在工作中的动机。这种理论认为,成就动机具有挑战性,可以引发人的成就感,增强奋斗精神,对人们的行为具有重要的影响作用。在社会生活中,一个人是否具有持续做某种工作或选择某种工作的倾向,主要取决于这个人追求成功动机的强度、工作成功的可能性及该工作所具有的诱因的价值。高成就动机的人一般具备以下特征:能够为解决问题而担当起个人的责任;善于在工作进程中调整目标,使自己能够在切实可以达到目标的工作中不断获取成就动机的满足;希望及时了解自己的工作情况和成绩;得到上级领导的肯定性评价。麦克利兰认为,成就动机强烈的人往往具有高度的内在工作动机,外在的激励对其发挥的作用相对较少,只要能够为他们提供合适的工作环境,充分发挥其能力,他们就会感到莫大的满足和幸福。一般来说,教师都有强烈的成就动机,非常渴望在较短的时间内让学生、同行认识和理解自己,赢得自尊,获得一定的地位,产生自我提高的内驱力。可以说,成就动机是教师专业发展的催化剂。

2.小学教师专业发展的文化学透视

依照小学教师专业结构,小学教师专业发展包括教育观念、知识、能力、专业态度和动机、自我专业发展需要和意识等不同层面。根据教师专业结构发展水平,教师专业发展分为不同的等级。教师专业发展过程是社会系统中多主体共同努力的过程,是教师内在专业内容不断丰富的过程,是形成专业自我的过程,是自主性不断提高的过程。这一过程是在文化输入、文化传播、文化批判、文化创造中进行的。

教师专业发展过程首先是通过文化输入,主要是通过濡化(enculturation)[①]进行的。濡化是部分有意识、部分无意识的学习过程。德国著名文化教育学家、文化教育学派的奠基人斯普朗格(Eduard Spranger)[②]指出,教育是一种文化活动,它使正在成长、发展中的个人心灵与优良的"客观文化"适当接触,把"客观文化"安置在个人心灵中,使其能成为"主观文化",旧有的、已经形成的那些客观文化才能转变成为一种新的、生动的、创造的主观文化。教师"闻道在先""学业专攻""严格培训"的过程,其实质上就是文化输入的过程,通过濡化,教师内化职业价值,获得教师职业手段,认同教师职业规范,形成教师职业性格。

在文化传播中,教师一方面把经验、知识、技术、思想、方法等传递给他人,另一方面在原有文化的基础上,通过自己的实践,不断补充、发展、丰富原有的经验、知识、技术、思想、方法,进行新文化的创造,并在这一过程中形成文化再生和文化创造的能力。教师站在文化发展的前沿,重视以新的科学知识武装学生,向他们介绍各种新的学术流派;学校还通过校与校之间、区之间、国内外的各种学术交流,提供可选择的文化样式,以形成丰富的文化格局。文化传播不仅受社会共同意识的制约,也受教师个体社会心理、思想意识、价值观念的影响。教师在文化传播中总是渗入他的理解及个人的是非善恶等价值观念,这样在原有文化的传播中繁衍出许多具有生成意义的衍生文化,如不同的教师对同一教材内容有不同的理解,有着不同的见解和观点。

在文化传播中,教师不仅作为一个文化的保存者,试图把它完整地传给下一代,还是一个文化缔造者和文化批判者。作为一个缔造新文化的人,教师常

---

① 本义是滋润化育。出自扬雄《剧秦美新》:"厥被风濡化者,京师沉潜,甸内匦洽。"
② 弗兰茨·恩斯特·爱德华·斯普朗格(1882—1963)是德国文化教育学派的主要代表人物、德国现代教育学的开创者,对德国教育事业的振兴做出了举足轻重的贡献。

常设计一种理想文化的规范，然后传递给学生向着这种理想文化前进所需要的态度、价值和知识。作为对文化进行批判性分析的人，在对待任何一种文化要素时，既不是单纯地忽视它或是变革它，也不是单纯地保存它，而是对它进行评价和分析，一方面认识到文化中存在的矛盾和冲突，另一方面要考虑解决它们的各种可能的方式，防止它们在学生头脑中引起混乱。然后，以民主的方式进行教学，使师生对提炼、建设文化达成充分的理解。作为文化保存者，教师实现的是涵化理论[①]中的"附加"情形，即原有的文化结构未破坏，新的文化因素只是依附着原有的文化特质；作为新文化的缔造者，教师实现的是涵化理论中的"创造"情形，即用新的文化模式来取代旧的文化模式；作为文化批判的分析者，教师在注意到新旧文化存在的基础上，批判性地分析两者的优劣，试图将它们结合起来，实现的是涵化理论中的"综摄"情形，使两种文化产生出不同的新的特质。一般来说，教师在专业发展的不同阶段，承担着不同的角色，发挥着不同的作用。

教师的专业发展最终形成教师文化。教师文化是一种属于学校文化的亚文化，是学校文化中最有活力和最具主体意义的文化，它体现着教师这一特定群体的价值观念和行为规范。从制度文化与精神文化的层面探讨作为群体文化而存在的狭义教师文化，它是指教师群体在共同的学校教育环境里，在教育教学活动中形成与发展起来的价值观念和行为方式，它主要包括教师这一职业群体的教育理念、思维方式、价值取向、职业意识、态度倾向和行为方式等。其中，教育理念、思维方式和价值取向属于深层因素，内隐于人的内心，属于隐性文化；而职业意识、态度倾向和行为方式是表层因素，是可以直接观察到的，属于显性文化。它们共同构成一个统一的整体。

（二）小学教师专业发展的本质特征

小学教师专业发展是将教师由职业变为专业，确立专业标准，取得专业地位的发展过程，是增加教师专业知识、提高专业技能和形成专业情意的过程和活动。通过这些过程和活动，教师能促进学生更好地发展，所以说教师专业发

[①] 涵化理论（Cultivation Theory），又称培养理论、教养理论、涵化假设、涵化分析。最早系统地由格伯纳提出。1967年，格伯纳及其同事在美国全国暴力成因及预防委员会的资助下于宾夕法尼亚大学的安南堡传播学院开始了他们一系列有关电视内容的研究。他不仅关心电视节目中的暴力的量，也关心它的质，并总结出电视的"涵化"效果即潜移默化的效果。格伯纳还发展出"暴力指标"（Violence Index）的概念。

展的终极目标是改善学生的学习效果，最终的评价标准也应该是学生学习的改善程度。目前，很多有关教师专业发展的项目、活动在对教师专业发展评价的时候很少考虑学生的层面，而只是给出了一些在项目中教师的活动和反应。当然，教育和学习都是比较特殊的持续过程，效果的呈现也不是即时的，所以评价教师专业发展存在着一定的困难和滞后性。

小学教师专业发展是职业特性对教师的必然要求，能够激发和坚定教师的职业道德与专业精神，有助于实现教师的生命价值。小学教师专业发展是一个有意识的、持续的、系统的过程。首先，专业发展明确的目的和目标决定了过程规则、内容和材料的选择，过程程序的开发和评价的确定。明确的目的和目标指明确地陈述专业发展给学生带来的结果、目标的价值。其次，教育是个动态的专业领域，知识基础不断扩展，教育者应该成为连续不断地学习的实践者。他们必须不断地分析自己做事情的有效性，反思当前的实践。上课、进行评估、审核课程、阅读专业期刊、观察课堂活动及与其他教师或管理人员进行谈话等都可以是学习的机会。最后，专业发展是一个系统的过程，不只是实践上的持续，还有各个层次的跨越，教师专业发展不仅是教师个体方面的完善，也是教师专业发展机构的优化和发展。

小学教师专业发展的本质是教师的自主发展。所谓自主发展指教师具有自我发展的意识和能力，自觉承担专业发展的主要责任，通过不断学习、实践、反思、探索，使自己的教育教学能力不断提高，并不断向更高层次的方向发展。强调"自主"，是由教师的职业特殊性决定的。因为教师的专业发展带有明显的个人特征，它是一个与主体性密切相关的复杂过程：先从认知过程开始，再实践，同时进行反思。教师的专业发展涉及三个方面的因素：一是教育教学理论知识，即教师共同具有的公共知识；二是应用场景，即教学实践及其具体的教学情境，既有共性部分（教材、教室等），也有特殊部分（不同的教育对象）；三是教师的个人特征，包括个人化了的理论知识、实践性知识、价值观、教育观念、情感倾向、心理素质等。教师专业发展是这三个因素融合的过程，在这个过程中，教师的自主意识和自主能力是极为重要的两个因素。教师专业发展必须强调"自主性"，自主发展才是小学教师专业发展的本质所在，也是小学教师专业发展的必由之路。教师专业发展的自主性主要体现在专业发展的自主意识和自主能力两个方面。教师的自主意识是指教师认识到自身是自己的教育教学活动的承担者和主人，意识到自己的努力决定自己工作与生活的发展变化，从而自觉地发挥能动性，积极投身到教师专业发展、教学改革的创造性工作中，以积极健康的心态面对工作与生活。教师一旦具有自主意识，就会表现出强烈的专业发展意识和动力，能自觉地承担专业发展的主要责任，通过自我认识、自我反思、自我设计、自我调控、自我活动，达到专业发展的目的。他们能随时保持对自己专业发展的关注，依照自己过去专业发展的轨迹和目前的实际，提出今后的发展规划，自觉地利用、发现、创造机会和条件，争取规划的实现，自觉地发掘专业生活中的有利因素，使自己的内在专业结构不断更新。自主能力是教师专业发展的另一个重要因素，它包括教学能力、研究能力、教学反思能力等，其中的教学反思能力是一种较高层次的能力。所谓教学反思，是指小学教师在教学实践中批判地考察自我的主体行为表现及其依据，通过回顾、诊断、自我监控等方式，或给予肯定与强化，或给予否定与修正，从而不断提高自身教学效能感和素质的过程。它有三个基本特征：一是实践性，教师的教学效果可以通过反复实验予以提高；二是反思性，教师能立足自我之外，对自己的实践情境和经验进行多视角、多层面及正反两面的思考；三是超越性，教师要进行反思，就必须超越自我，敢于质疑自己，正视自己的弱点和不足，并寻找解决的良方，从而达到不断发展自己的目的。

二、卓越小学教师专业发展的基本内容

小学教师专业发展的基本内容应该从横向、纵向两个层面来理解。横向上，小学教师要依据相关标准，完善自己的素质结构。纵向上，小学教师专业发展要经过培养、入职教育和职后培训三个连续的阶段。小学教师是履行小学教育工作职责的专业人员，要经过严格的培养与培训，具有良好的职业道德和专业理念，掌握系统的专业知识和专业能力。2012年9月，教育部出台了《小学教师专业标准（试行）》，从专业理念与师德、专业知识、专业能力三个维度13个领域提出了60条基本要求。这是国家对合格小学教师专业素质的基本要求，是小学教师开展教育教学活动的基本规范，是引领小学教师专业发展的基本标准，是小学教师培养、准入、培训、考核等工作的重要依据。

小学教师要实现专业发展，满足标准的要求，应在以下几个方面努力。

（一）加强专业理念与师德教育

小学教师要牢固确立专业理念，坚持如下几个重要原则。①师德为先。热爱小学教育事业，具有职业理想，践行社会主义核心价值体系，履行教师职业

道德规范，依法执教；关爱小学生，尊重小学生人格，富有爱心、责任心、耐心和细心；为人师表，教书育人，自尊自律，做小学生健康成长的指导者和引路人。②学生为本。尊重小学生权益，以小学生为主体，充分调动和发挥小学生的主动性；遵循小学生身心发展特点和教育教学规律，提供适合的教育，促进小学生生动活泼学习、健康快乐成长。③能力为重。把学科知识、教育理论与教育实践有机结合，突出教书育人实践能力；研究小学生，遵循小学生成长规律，提升教育教学专业化水平；坚持实践—反思—再实践—再反思，不断提高专业能力。④终身学习。学习先进小学教育理论，了解国内外小学教育改革与发展的经验和做法；优化知识结构，提高文化素养；具有终身学习与持续发展的意识和能力，做终身学习的典范。

专业理念是在深入理解教育工作的本质、目的、价值的基础上所形成的关于教育教学的基本观点和信念。它是教师在教育教学工作中的世界观与方法论，是教师专业发展的理性支点和专业自我的精神内核，是教师对成为一个成熟的教育教学专业工作者的向往与追求。有无专业理念是专业人员与非专业人员的重要区别，也是现代教师不同于以往教师的显著标志。由于专业理念不是静止不变的，而是动态发展的，不断演变的，所以每位师范生都必须通过广泛学习教育理论形成自己的教育专业理念，还必须不断更新、不断发展自己的教育专业理念，走在时代的前沿。

教师的职业道德是教师从事教育教学活动时的行为准则和规范，是教师对职业行为的自觉追求，也是教师专业发展的基础。教师职业道德以敬业精神为基础，以协调师生关系为主要内容，乐于奉献、坚持公正是对教师职业的基本伦理道德要求。"奉献"作为从业的基本要求，是教师职业责任感、使命感的具体体现。因为培养人是社会发展的基础性事业，是一种非常复杂的劳动，无法用市场经济的等价交换原则来衡量其价值的大小，没有奉献精神就会失去教师职业的高尚性和纯洁性。"公正"就是公平、正义、合理。"公正"既是教育的基本目标之一，又是教师职业的基本行为准则。不讲公正的教育将使学生的心灵失去平衡，使其行为丧失应有的约束，教育过程也就失去了"善"的价值。教师职业具有突出的示范性、公共性和教育性，相对于多数职业而言应有更高、更严的职业道德要求。《教师法》规定："教师是履行教育教学职责的专业人员，承担教书育人，培养社会主义事业建设者和接班人，提高民族素质的使命。教师应当忠诚于人民的教育事业。"教师职业客观上要求教师加强道德成长，教师的自身发展也需要道德的引领。

小学教师职业道德是在教育活动中产生的，是教师在从事教育劳动过程中形成的比较稳定的道德观念、行为规范和道德品质的总和。它是调节教师与他人、教师与集体及社会关系的行为准则，是一定社会对教师行为的基本要求。教育实践中主要有四种利益关系存在：教师的个人利益、学生的个人利益、教师集体的利益、社会教育事业利益，这些利益关系不可能在任何时候、任何情况下都是一致的，四种利益之间的冲突经常发生，为了有效进行教育活动，需要调节各种利益矛盾。这种对教师的教育活动起指导、调节和监督的有效手段之一，就是教师职业道德。

1. 教师要忠诚于人民教育事业

忠诚于人民教育事业是每一位教师必须具备的最基本的职业道德品质。教师劳动的复杂性、长期性和繁复性，决定了教师所从事的是一项十分辛苦的工作。教师不得不经常突破时间界限进行工作，付出巨大的精力和心血。任何一个合格的教师，他的劳动和由这种劳动所取得的报酬是难以匹配的。虽然政府和人民正在努力提高教师的地位与待遇，但仍不能在每一点上都做到劳动与报酬的直接挂钩。一个教师只有不怕辛苦，不计较个人得失，才能在教育工作艰苦的岗位上长年累月地为学生发展奉献自己。

2. 教师要热爱学生，诲人不倦

热爱学生、诲人不倦是教师道德品质的重要内容，是衡量教师道德水准的标尺，是教师的神圣职责。俄国著名文学家托尔斯泰曾说："如果一个教师仅仅热爱事业，那么他只会是一个好教师；如果一个教师仅仅像父母一样爱学生，那么他将比那种虽然读过许多书，但却不热爱事业，也不热爱学生的教师好。如果一个教师把热爱事业和热爱学生相结合，他就是一个完善的教师。"热爱学生、诲人不倦是所有优秀教师的共同品德。如果一位教师失去了对学生的关心和了解，那么，他就失去了做好教育工作的前提，为此，教师一定要关心和了解学生。所谓"责之深，爱之切"就是这个道理。

3. 教师要治学严谨，精心育人

教师的治学态度和对待教育工作的态度，是职业道德一个极为重要的方面。教师承担教书育人的双重职责，不仅要教好书，更要育好人，掌握过硬的教书育人的本领。

4.教师要锐意进取，勇于创新

教书育人是长期、艰巨的任务，其内容和方法是随着社会的发展与科学的进步而不断丰富和发展的，教师只有不断总结教学经验，不断研究、探讨、丰富教学知识，才能适应新的要求。所以说，锐意进取、勇于创新是当代小学教师必不可少的道德品质。

（二）拓展专业知识

教师的专业知识是教师职业区别于其他职业的理论体系和经验系统。小学教师作为专业人员，应具备从事专业工作必需的基本知识。但迄今为止，人们对教师究竟应具备哪些方面的知识还有不同的认识。

1996年，在联合国教科文组织国际教育局有关"教师在多变世界中的作用"的论坛中，教育学家们提出了一个重要议题，即教师应具备的教学专业知识是什么。他们认为，教师必须明确下面的主题内容，才能解决好教与学的问题：为什么而教？教什么人？在什么地方教？教什么？怎么教？用什么去教？用什么评价和怎样评价？怎样改进教学和学习？专家们用简洁明了的表述反映出教师的教学专业知识内涵广泛。

在国内，教师专业知识的问题近几年也引起了学者们的特别关注。清华大学谢维和教授认为，专业化教师的知识主要包括三大类：关于学生的知识——了解不同文化、语言、家庭背景、性别、社区对学生经验与学习能力的影响，发现和认识学生的特点，掌握学生学习和发展的规律，因材施教；关于课程的知识——掌握任教专业课程的知识，掌握专业课程的组织、传递、评价的知识，知道与自己专业课相关的课程知识，连接课程目标、课程资源与课程技术的知识；关于教学实践的知识和技术——使自己的教学成为其他人可以接受的知识，如设计教学环境、建构教学模式的知识，激励学生学习的知识，使用教学时间的知识，促成学生协作互动的知识，评价学生的知识，与家长交往的知识。

北京师范大学林崇德教授等从认知心理学的角度对教师知识进行了研究。他们指出，教学活动是一种认知活动，教师知识作为教师认知活动的一个基础，从其功能出发，可分为四个方面的内容：本体性知识、条件性知识、实践性知识和文化知识。本体性知识是教师所具有的特定学科知识，如语文知识、数学知识等，是教学活动的实体部分。条件性知识是教师所具有的教育学与心理学知识，是对本体性知识的传承起理论支撑作用的知识。条件性知识又可具体分为三个方面：学生身心发展的知识、教与学的知识、学生成绩评价的知识。实践性知识是教师在教学行为中所具有的课堂情境知识及与之相关的知识。这种知识是教师教学经验的积累，能对本体性知识的传承起到实践性指导作用。文化知识指为了实现教育的文化功能，教师还要有广博的文化素养积淀，这能把学生更好地引向未来的人生之路。

在国际上的教师专业知识的研究中，影响最大的首推美国卡内基教学促进基金会主席舒尔曼教授所建构的教师专业知识的分析框架。舒尔曼教授强调教师的理解、推理、转化和反思，他认为教师必须知道如何把自己所掌握的知识转换为学生能理解的表征形式，才能使教学取得成功。舒尔曼定义了构成教学专业知识基础的七种成分：①内容知识（Content Knowledge），主要指学科知识，包括具体的概念、规则和原理及其相互之间联系的知识；②一般性教学知识（General Pedagogical Knowledge），指超越各门具体学科之上的关于课堂管理和组织的一般原理与策略，如教学大纲，进度表，测验方式及演讲式、讨论式、自建架构式等授课的方式；③课程知识（Curriculum Knowledge），指对课程、教材概念的演变、发展及应用的整体了解和认识；④教学内容知识（Pedagogical Content Knowledge），指将所教的学科内容和教育学原理有机融合后对具体问题或论点的组织、表达和调整，以适应学习者的不同兴趣和能力；⑤学习者及其特点的知识，指了解学习者在上课前懂些什么，不懂什么，如何使用深入浅出的教学法及教材提高学习者的学习兴趣等；⑥教育环境的知识（Knowledge of Educational Context），包括从班级或课堂的情况、学区的管理和经费分配到社区和文化的特征；⑦教育目的与价值的知识（Knowledge of Educational Ends, Purposes and Values），指关于教育的目标、目的和价值及它们的哲学—历史基础的知识。

上面关于知识的阐述，对我们进一步思考和把握小学教师的知识构建起到了非常重要的启示作用。具体来讲，小学教师的知识结构如下。

（1）学科知识

包括学科的实质结构、内容知识、章法结构和学科教学信念等。学科的实质结构、内容知识是学科本身的概念与事实，是学科的知识基础；章法结构是教师用来探究学科新知识的方法；学科教学信念则是决定教师选取什么样的学科内容的个人的看法。

（2）教育专业知识

主要包括小学教育教学基本理论、一般教学法知识、学科教学法知识、课程知识等。小学教育教学基本理论即研究小学教学的现象、问题，揭示小学教学的一般规律，研究利用和遵循规律解决小学教学实际问题的方法策略与技术。一般教学法知识指教师所具有的各科都适用的课堂教学管理与组织的一般原则和策略，如教学大纲，教学进度表，测验方式及讨论、讲授等授课方式，评估学生学习成果的方法等。学科教学法知识是教师对特定的学习主题内容进行转化和表征，并对学生的学习困难进行预测，适应学生的差异，用学生可以理解的方式进行教学的知识。课程知识是关于课程标准与课程发展、教材选用、教具与教学媒体确定，以及组织纵、横向课程的知识。

（3）小学生发展性知识

主要包括小学生生存、发展和保护的有关法律及政策规定，小学生身心发展特点和规律，小学生生理、心理发展知识及小学生的安全防护知识等。

（4）通识性知识

主要包括相应的自然科学和人文社会科学知识、相应的艺术欣赏与表现知识，以及与教育教学相关的信息技术知识等。

（三）提升专业能力

专业能力是教师在教育教学活动过程中运用一定的专业知识和经验顺利完成某种教育教学任务的活动方式和本领。教师的专业能力是教师综合素质的最突出的外在表现，也是评价教师专业性的核心因素。

1.设计、实施和分析教学情境的能力

教师应该能够根据教育大纲和学生的知识结构及学习能力确定具体的教学目标；能够确定学生学习的形式、时间（即何时进行、进行多少时间等）及可能会用到的教学支持手段；能够预判学生可能会遇到的学习障碍，尤其是与知识、语言掌握不足有关的学习障碍；能够设计学习活动来巩固学生已经获得的知识，包括口头或书面练习、使用已有的知识（包括在其他学科中使用）；能够设计在学习的不同时刻进行评估的情境，包括理解评估的功能、确定学生应达成的水平、确定成功的标准、分析评估结果并找出失败的原因，并据此考虑实施补救活动和深入学习活动。

在教学情境的实施过程中，教师应该能够根据学生的学习节奏和活动的形式来组织、管理课堂空间和时间；能够恰当使用各种教学支持和帮助手段，如黑板、书面资料和视听资料、现代信息技术和交际技巧等；能够通过合适的介入方式和交际方式进入预先设计的活动情境；能够帮助学生了解各种教学活动的限制和可能带来的收获；能够充分利用学生的错误和成功展开教学。

教师应能够对教学情境的实施情况进行分析，把预定的教学目标与实际获得的结果和学生的学习情况结合起来，评估教学行为是否有效，并把它纳入以后教学活动的设计和规划中去。

2.控制课堂行为与了解学生间差异的能力

教师在课堂上要保持一定的权威，能够控制与学生之间的关系及学生彼此之间的关系；能够根据学生的年龄特征，制定课堂工作规则和集体生活规则，让学生理解并遵守这些规则；能够根据学生的反应改变教学活动的形态，以激起学生的学习兴趣；能够把学生引入一种追求进步的活力之中，并使他们学会担负责任；能够倾听学生的意见，并帮助他们养成课堂上互相倾听的习惯。

同时，为了使所有的学生获得学业成功，了解学生的差异也是十分重要的。为此，教师在课堂上应该能够根据教学任务的不同采取不同的教学方式；能够利用学生兴趣、文化、能力和学习节奏的多样化开展教学活动；能够变化学习情境（如讲授、个体学习、交互作用等）来达到同一教学目标；能够渐次使用或同时使用不同的教学支持手段和学习组织方式（如集体学习、个体化或小组学习等）来完成教学任务。

教师的专业能力是多样的，但是，小学教师的专业能力发展还是有规律可循的，通过分析名师的成长，我们可以得出如下结论。

第一，小学教师的专业能力发展客观上存在着"适应期"，是从量变到质变的发展过程。

从实施教学的过程看，教学是教师经过逐步积累，不断探索总结，最终达到完善的发展过程，它既是促进学生发展的过程，也是教师自身不断提升、成长的过程。根据对教师成长经历的研究，美国学者伯利纳（Beliner）等人指出，从新教师到专家型教师的过程可分为五个阶段：新手水平、高级新手水平、胜任水平、熟练水平和专家水平。这五种水平是根据教师教学技能水平依次从低到高排列的。新教师从在学校学习到在讲台上独立开展教学工作，都无一例外地要经过一定时间的适应，这种适应是社会角色转变的过程，是调整知识结构、探索教学技能、发挥个人主观能动性的过程。新教师原来学习的基础知识和专业理论只是一种间接经验，只有将其积极运用于教学实践中，经过自己的实际运作，才能转化为自己的直接经验，才能把潜在的教学能力转化为现实的教学能力。

第二，小学教师的专业能力发展是连续的发展过程，也是终身教育的过程。由于各学科领域有其专业的特殊性，不同专业对教师的素质要求不同，因而不同学科领域中新教师的积累、成熟、创造会表现得有早有晚；由于影响新教师成长的因素具有广泛性、多样性的特点，且各因素在不同时期所起的作用也具有差异性，因而新教师的发展速度有快有慢；新教师自身主观努力程度的区别，也使得发展速度不一。但从总体上看，新教师的成长是一个长期的、连续的发展过程，是接受高等教育前、接受高等教育期间及接受高等教育后各因素综合作用的结果。

1972年，英国发表了"詹姆斯报告"——《教师的教育和训练》，并在第35届国际教育会议上总结提出"教师三段培训法"：个人教育阶段、职前训练与指导阶段、在职教育和训练阶段。这说明新教师的专业成长并非在高等教育阶段就可完成，它是连续的发展过程。

法国成人教育家保罗·郎格朗（Paul Legerand）在1970年出版的《终身教育导论》中对终身教育做了进一步说明，他指出："教育和训练的过程并不随学校学习的结束而结束，而是应该贯穿生命的全过程。这是使每个人在个性的各方面——身体的、智力的、情感的、社会交往的方面，总之，在创造性方面——最充分地利用其禀赋和能力的必不可少的条件。""必须把教育看作贯穿人的整个一生与人的发展各个阶段的持续不断的过程。"新教师的教学成长是一个不断积累知识、增长经验、提高专业能力的过程，是终身教育的过程，这既是教师特定职业发展的需要，也是学习化社会的客观要求。

小学教师专业能力发展具有阶段性，并表现出相似的特征。比如，教师从初上讲台到对教学完全适应，一般要经历五个变化时期。

探索期：初为人师，对教学工作充满幻想，情绪活跃而又焦虑，常努力模仿有经验的教师，希望尽快熟悉教学环境和教学对象，力求迅速完成从读书到教书的全面过渡。

协调期：心理上全面进入教师角色，能静心钻研业务，能较顺利地组织教学活动，希望被同学、同事和领导接纳，但处理课堂教学事件时常缺乏灵活性。

适应期：已能得心应手地依据常规组织教学，教学设计表现出一定的灵活性，基本做到传授知识和培养能力相结合，渴望参加各种交流和培训活动，工作充满了活力。

平台期：经过前几年的锻炼，教学能力有了质的飞跃，课堂教学模式基本稳定，各方面的发展明显变缓。

成熟期：通过总结经验、深入研究，寻求新的教学措施，能突破"平台期"，实现教学能力的再次飞跃，开始形成自己的教学特色，并成为教学的骨干力量。

青年教师的教学成长一般都要经过这五个阶段，但每个阶段的持续时间因人而异。一般来说，他们对待教学工作都能认真负责，教学基本功扎实，能运用现代化教学手段，能严格按照各个环节的教学要求实施教学，但也会表现出诸多方面的不足，如学科适应面狭窄，教学过程中创造性较弱，生搬硬套教学资料，较少体现自己的教学思想，缺少创意，教学中不能灵活地处理偶发事件，缺乏临堂决断能力等。因此，小学教师专业能力发展是一个长期连续的过程，也是终身教育的过程。

三、卓越小学教师专业发展的基本取向

（一）小学教师专业发展的理智取向

理智取向的教师专业发展思想一般认为来自美国的霍姆斯小组和美国卡内基教育与经济论坛工作小组。1986年，美国霍姆斯小组发表了著名的《明日之教师》报告；同一年，美国卡内基教育与经济论坛工作小组发表了《准备就绪的国家：21世纪的教师》报告。这两份报告都着重讨论了教师专业和教师教育问题，并且都明确表达了一个共同的观点：要确保教育的质量，必须提高教师的专业水准。霍姆斯小组的报告更进一步指出：提高教师专业水准的重点就是要明确教师专业的知识基础，使教师教育拥有更为坚实的理智基础。在教师专业发展的理智取向看来，教师专业发展的重点是知识的获得和行为变化。师范生或教师获得的专业知识和技能是教师行为变化的基础。知识基础对教学专业是非常重要的。这一取向认为："提高教师专业水准的重点所在，乃是明确教师专业的基础知识，使教师拥有更为坚实的理智基础；教师欲进行有效的教学，最重要的，一是自己拥有'内容'（知识、技能价值观等），二是有知识和技能帮助学生获得这些'内容'——这就是教学专业最基本的两类知识：学科知识和教育知识。因而这种取向的教师专业发展，主要就是向专家（如大学学者）学习某一学科的学科知识和教育知识。"

教师专业发展理智取向的积极意义在于关注教师专业发展的实质内容，在

强调"学高为师"的同时，也认识到"学者未必是良师"，强调了教师的教育知识并以教育知识突出教师专业的特殊性。当然，教师的理智基础，除了学科知识和教育知识外，还应该具有广博的其他方面的文化、科学知识。不可否认，从目前教师专业发展的实践来看，使教师具有坚实的理智基础仍然是教师专业发展的主要任务。我国教师教育无论是职前的培养，还是职后的培训，目前大多采用理智取向的发展策略。

同时，我们也要看到，教师专业发展理智取向的局限性也比较突出。首先，这一取向没有真正理解和领会教师专业发展的内涵和根本目的。教师专业发展的根本目的不是要传递给教师多少知识和文化，而是要确保教师能更好地促进学生发展。教师有了理智基础并不等于具备了能将这种理智基础传递给学生的本领。教师专业发展的理智取向比较忽视教师的实践性行为。其次，这种取向造成的不利后果还容易形成恶性循环，导致广大受教育者和被培训者对理性知识的不信任，在以后的学习中轻视理性和理性知识学习。现在很多高校的师范生及中小学教师对从理论到理论的教育学科知识的学习比较反感，一方面是对这种过于理智取向的教育培养、培训模式的批评，另一方面反映了他们对理性知识的不信任。

（二）卓越小学教师专业发展的技术取向

美国斯坦福大学德怀特·爱伦（Dwight W. Allen）博士的"微格教学"[1]即是教师专业发展技术取向思想的代表。这一取向认为，师范教育的中心任务不应该仅仅是传授知识，还应传授教学技能和教学艺术。为此，爱伦博士和他的同事们提出了用微格教学训练教师教学技能的主张。教学技能训练就是训练一些规范化的、定型化的行为方式，使教师在类似的教学情境中能做出及时的、规范性的反应。

教师专业发展技术取向的积极意义在于关注教师专业发展的技术价值，注重教师职业技能的训练和提高，对教师尽快适应和开展实际的教育教学工作是

---

[1] 微格教学的英文为 Microteaching，在我国还被译为"微型教学""微观教学""小型教学"等，目前国内用得较多的是"微格教学"。微格教学是一种利用现代化教学技术手段来培训师范生和在职教师教学技能的系统方法。微格教学创始人之一，美国教育学博士德怀特·爱伦认为微格教学"是一个缩小了的、可控制的教学环境，它使准备成为或已经是教师的人有可能集中掌握某一特定的教学技能和教学内容"。微格教学提供一个练习环境，使日常复杂的课堂教学得以精简，并能使练习者获得大量的反馈意见。

非常有利的，在一定程度上也会有助于提高教师教育教学质量。

同时，我们也要看到，技术取向教师专业发展的局限性也十分明显。首先，这种技术训练本身是一种脱离一定教育情境的单纯教育教学训练。而教育教学的最本质特征是师生基于一定教育场景的互动和教学相长，教师的一切教育教学活动是基于学生的发展的。所以，这样的一种技术训练是无视学生的技术训练，是以教师为主的技术训练。其次，这种技术训练试图给教师以解决问题的操作模型。但是，很显然，如果这种技术训练立足于基本的方法，则可能就是不具体的；如果是具体的方法，又可能是受局限的，因为越具体越不可能穷尽，技术训练很容易陷入一种两难的处境。这种取向排斥对教育思想的学习和对教育理念的掌握，对教师专业发展的水平和质量提升非常不利。实际上，专业发展程度越高的教师，在学习过程中对理论学习的追求越强烈。如果没有对教育理论的学习追求，教师的专业发展必将受到很大限制。德裔美国心理学家勒温（Kurt Lewin）说过："没有比最高明的理论更适于运用。"所以，教师专业发展技术取向的局限性是非常突出的。

（三）小学教师专业发展的实践—反思取向

教师专业发展实践—反思取向认为，教师对影响其专业活动的知识和理念不是通过外部的灌输获得，而主要是通过教师对自我实践的反思与理解来获得的。所以，教师专业发展的目的并不在于外在的、技术性知识的获取，而在于通过一定的形式，促使教师对自己或自己的专业活动有更深入的理解，发现其中的意义，以促成反思性实践。在教师专业发展实践—反思取向看来，教师专业发展的重点是教师行为的改变。但教师行为的情境是复杂的、不确定的、不稳定的、独特的、有价值冲突的，这个情境并不一定在书中或在培训课程里，不能指望教师用事先储存在头脑中的知识去解决行动中的问题，教师必须在自己的行动中运用自己设计的情境化策略去尝试着解决它。教师专业发展不是一种先知识后行动、先理论后实践的过程，而是一个实践和反思循环互动的过程。教师专业发展实践—反思取向的积极意义在于：注重了教师在专业发展过程中自身的参与，注重教师个人实践性知识的获得，而非单纯注重教学和培训本身；注重了反思在实践过程中的重要作用，而不是一味地强调实践本身的价值；注重了教师专业发展要与教师个人的日常工作和学习密切结合，而不是把这两者割裂开来。可以说，这一取向的教师专业发展思想带有很多主动探究的要素，触及了教师专业发展的本质特征，也关切了教师专业发展的最核心问题。在目前来说，这确实是我们应该进一步加强的方面和内容。

但同时，这一取向也具有一定的局限性。首先，这一取向比较忽视对教育理论和系统学科知识的学习，过于注重教师个人实践性知识的获得。实际上，教育理论和学科知识的系统学习仍然是目前教师专业发展的紧迫任务。毋庸讳言，没有理论指导的实践，是盲目的甚至是错误的实践。其次，这一取向强调反思，这是对的，但是，反思是非常个性化的行为，如果没有一个更有效的平台，教师的反思很容易处于互动性不足的状态。也正是源于此，生态取向教师专业发展思想诞生。

（四）小学教师专业发展的生态取向

教师专业发展生态取向认为，教师专业发展不仅要通过教师个人的学习与实践反思，更为重要的是要在教师群体中形成合作的专业发展文化与模式。虽然教师在实际教学过程中，教学风格是个人化的，教师在其实践中也大多处于孤立的状态之中，但就教师的专业发展而言，其专业知识与能力的获得并不全然依靠自己，而会向他人（如校外专家或同事）学得更多，教师并非孤立地形成和改进教学的策略和风格，它更大程度上依赖"教学文化"或"教师文化"，正是这种"教学文化"或"教师文化"为教师的工作提供了意义、支持和身份认同。因此，教师专业发展的最理想的方式，是一种合作的发展方式，也就是由小组内的教师相互合作，确定自己的发展方式，它的主要的目的不是集中在学习某些学科知识和教育知识，也不是个别教师的"反思"，而是集中于构建合作的教学文化或教师文化。

按照教师专业发展生态取向的观点，学校是教师专业生涯的主要环境，同事是教师专业生活的主要合作伙伴，学校组织和学校同事对教师专业发展具有重要意义与作用。学校要研究学校组织和学校同事对教师专业发展的影响途径与方式，更好地促进教师专业发展。

教师专业发展生态取向的积极意义在于它所采取的视角更为宏观，认为教师专业发展是个体、群体和环境之间互动发展的产物。在教师专业发展中，更加强调文化、社群、合作及环境的作用，使教师专业发展的主体性和互动性更加突出。可以说，教师专业发展生态取向既是对理智取向和实践—反思取向的质疑，也是对它们的完善和补充。当然，这一取向也并非尽善尽美。小学教师专业发展过程中的同伴互助和环境建设固然重要，但是专家引领和教学反思也不可或缺。实际上，只依据琐碎经验的同伴互助，没有系统的学科知识和课程知识的引领,教师就不能获得真正意义上的专业发展。

综上所述,教师专业发展的四种取向各有自己的理论和实践基础,也各有自己强调的重点和明显的疏漏,在今天看来,任何单独的取向都不可能解决教师专业发展的全部问题,深入了解它们的优势和劣势,针对教师专业发展的实际,有所侧重地借鉴不失为一种明智选择。

四、卓越小学教师专业发展的模式

(一)自我指导专业发展模式

自我指导专业发展模式的重要特征是,教师自己规划促进自身学习的活动,决定自己的学习目标,自主选择可以实现这些目标的活动。此模式可分为四个阶段。第一,教师确定自身的兴趣及所要学习的内容。第二,制订学习计划,确定要实现的目标。第三,参与专业发展活动,如研讨会、阅读期刊文章、观看专业的影碟资料、开展课程观摩等。第四,总结和评价整个经历。自我指导专业发展模式的最大优势是灵活性和个性化,它为教师提供了自我分析、自我反思和决策的良好模式。这种模式把个人的专业发展与课堂、学校相联系,倡导教师确立自己的学习目标,选择适合自己需求的专业发展活动。

(二)评价模式

这种模式把外部评价作为一种自我分析和反思的工具,同事或者其他的合作伙伴成为教师的眼睛和耳朵。同事观察教师的课堂管理、教学实践并提供反馈意见,具体做法是同伴辅导和临床监督,基本假设是当教师存在学习需求及急需解决的问题时,他们的学习是最有效率的。

教师专业发展的评价模式包括同伴观察教师在教学过程中的表现,组织由教师和观察者共同参与的反馈会议。同伴辅导能帮助教师解决实践中的问题,提供交流的机会。通过这样的经历,教师得到极大的支持,将理论与实践联系起来。教师之间可形成学习共同体,通过该学习共同体维持学习目标并通过学习网络来改进实践。

评价模式的最大优势是评价者与被评价者都获益。评价者通过观察同事,提供反馈意见进行讨论,获得专业技术。被评价者从另一个角度获得新的看法,得到有益的反馈意见。同时,评价模式需要评价者与被评价者投入大量的时间,双方愿意协调各自的日程安排,以更好地适应对方的需要。

（三）发展／改进过程模式

同事之间的协作是发展／改进过程模式的一个特点。在这种模式中，教师通过参与课程开发、学校教学变革过程来解决一些实践问题，这就要求教师具有特定的知识与技能，能对有效教学进行研究。这种模式的理论基础是给予教师适当的机会，教师能有效地改进教学过程，并关注学生和学校的发展。发展／改进过程模式的优势是可以使参与者提高自身的知识与技能水平，增强协作能力和决策能力。参与这种模式的教师对面临的问题及其解决应有浓厚兴趣，所解决的问题和面临的工作与教师的职业责任直接相关。

（四）培训模式

许多教师想到专业发展的时候就想到了培训模式，培训模式是通过教师参与个人或者集体的指导获得知识与技能。在参加专门的培训活动时，专家是主要实施者，确定培训的内容和活动的形式，并设定一系列目标。这一模式的理论基础是教师在课堂中的行为是值得模仿的，教师能模仿他人有效的课堂教学行为。短期培训有助于教师解决在课堂中面临的问题，有利于教师改进思维方式。但是，培训模式是自上而下的，是外部施加的影响，要使教师达到内化阶段还需要一个过程。

（五）调查研究模式

调查研究模式反映出一个简单的信念，教师能够有效地阐明他们在实践中的问题，并追求解决这些问题的答案。调查研究模式作为专业发展实践模式，一个重要的预期结果是研究成为教师发展的一个组成部分。教师调查研究模式可以采用不同的形式：它可以是个人独立活动，也可以是集体活动；可以在课堂中进行，也可以在教师进修中心或者在大学里进行。调查研究能激发教师的批判反思意识，增强教师理解实践和实施教育改革的能力，对课堂实践产生巨大影响。在这一过程中，教师是研究者，是学习者，是反思实践者。调查研究模式能有效地提高教学质量和教师声望，实践中的研究成为增加学科知识和促进教师专业发展的有效途径。

除了以上五种专业发展模式外，还有两种模式，即辅导模式和研究小组模式。辅导模式是为教师指定一名同学科领域的经验丰富的辅导教师，为缺乏经验的教师提供建议、帮助和鼓舞，对教师的课堂教学进行点评，帮助教师解决在课堂中遇到的棘手问题，而且辅导教师也有机会反思自己的教学。辅导模式的实行能增强教师的自信心，提高教师的合作技能，同时促进辅导教师自身的专业发展。研究小组模式是整个学校的教师参与的一种模式，由4～6名教师组成一个小组，他们一起工作至少一个学年，其主要功能是推进课程实施与学校改革创新，共同研究教学过程，规划学校变革。

　　影响教师专业发展的因素有许多，如教师专业发展需求、教师对专业发展的规划、持续性支持、同伴协作等，教师教育者在指导与设计教师专业发展活动时都应考虑这些因素。首先，教师专业发展活动必须由教师个人和学校共同组织进行，既适合教师个人的需要，又与学校实际相联系。在确定目标和规划专业发展活动时，教师的积极参与是保证专业发展活动有效性的重要因素。当专业发展活动从个人需要和学校发展角度来设计时，教师的学习才是最有效的。其次，各方面持续性的支持是教师专业发展活动进行的重要影响因素。例如，学校领导积极支持教师专业发展，保证教师有参加培训课程的机会，有长期的活动资金。最后，教师专业发展是一个长期的过程，学校应该创建一个有利于教师专业成长的积极的学校文化氛围。

第五章 卓越小学教师培养标准的构建

第一节 卓越小学教师培养标准的制订

卓越小学教师培养标准的建构主要需要考虑三方面的内容。第一，要满足小学这一特殊学段对教师的基础需求，如在知识、能力、师德等方面的要求；第二，要突出教师独特的发展能力、自我成长能力，始终以一种向上的、奋进的专业发展理念为个人职业发展谋求更大的空间与可能性；第三，卓越小学教师培养标准要与现实情境中人们对小学教师的职业标准有效对接，体现社会的现实需求，让卓越小学教师培养标准的制订更具意义与价值。为此，卓越小学教师的培养标准主要包括以下内容。

一、专业理念

卓越小学教师的专业理念应包括两方面的内容，即教师的教育哲学和教师的专业观念。石中英教授认为："对教师实施教育行为并促进教师成长至关重要的资源当中应该包括教育哲学。"这就看出，对卓越小学教师的培养来说，教育哲学的形成与培养是至关重要的。从一定意义上说，教育哲学需要通过教师自我实践、反思、判断、探索形成，而这个过程正好能够促进教师的自我发展意识与理念，能够促进教师知识、技能的不断完善与提高。同时，卓越小学教师也需要秉持着不断发展的专业观念，要不断接受先进的教育教学理论，并通过自身的行动，验证理论、修正理论，带着开放的胸怀与视野从容应对不断变化的小学教育教学工作。同时，教师也要将创新的理念融入其中，运用创造性的思维解读教材、理解学生，并且运用各种方式与手段将教学内容呈现给学生，增进学生的理解，形成属于学生自己的判断，让每个个体能够快速理解新知识的学习，并形成有效的迁移。卓越小学教师的专业理念要旨在促进教师教学研究共同体、学生学习共同体的形成。

二、专业师德

卓越小学教师的专业师德主要包括教师的职业态度及师德两方面的内容。从第一方面来说，持久、稳定、融于个性之中的对于教师职业的热爱，并且将教师作为一生的事业去追求，应该成为卓越教师专业师德养成的重要内容。这主要体现在：要将教育教学工作融入血液中，把教学变成自我社会角色识别的窗口与延伸，要认识到教师职业不仅仅是一种工作；要全身心投入教育事业中去，把一生奉献给学生，奉献给教育事业，要充分感受教师职业的幸福感与满足感，感受到作为教师的快乐。教师的专业师德应包括教师自身道德的要求、教师对学生的仁爱之心（教师对学生的态度）及教师的专业、职业道德（教师对教育、教学的态度），是一种复合型的师德。其中，教师对学生的仁爱之心是师德的核心要素，教师的专业、职业道德是重要保障，而教师自身对道德的要求则成了实现的基础。

三、专业知识

卓越小学教师的专业知识应该服务于教师的教学。基于此，卓越小学教师专业知识主要包括基础型奠基知识（文化类、历史类、艺术类、科技类等通识类知识）、支持型奠基知识（教育教学专业知识、小学生相关知识等）、主导型奠基知识（学科教学知识等）等类型。需要注意的是，这几种知识类型各有侧重，对小学阶段的教师来说，基础型奠基知识注重的并不是知识的深度，相反，应该注重知识的广博度、知识的清晰度及知识的灵活程度。支持型奠基知识主要包括与小学生身心发展特点相关的知识，如小学生认知、思维、情感、意志、态度等方面的知识，小学生学习材料的特征，小学生所处的学校情境、家庭情境、社会情境等综合因素的影响的知识等。主导型奠基知识应该包括知识在学科内容体系中的地位和作用，以及如何呈现这些知识的程序性知识。

四、专业能力

卓越小学教师的专业能力应该体现出综合性与整合性，无论是对教学内容的选择与设计、教学方法的使用、教学评价的实施等，都应该渗透出这种观念。对教学内容的设计来说，卓越小学教师应该具备将各科知识融合成一个教学单元、教学专题，并且将之传授给学生的能力。对于全科型教师来说，指的并不是教师能够教授所有课程，而是教师具备强大的课程整合及课程开发能力，是教师能够将多种学科知识都浸润于一门课程之中，达到融会贯通。而对教学方法的整合则是提高教师课堂教学丰富性与有效性的重要保障。小学生并不能够在单一、枯燥的教学环境中学习，而是需要环境的不断变化与重组，因此，对教学方法的整合也至关重要。教师运用多种评价的方法，正确发挥评价促进小学生成长与发展的作用也成为教学活动的关键。卓越小学教师所具备的专业能力的最终指向应该是学生，而并非单纯为了完成教学活动。

此外，卓越小学教师的培养标准也应该注重层级性，具有近程、中程、远程三种层次，并且要给教师留有发展的空间。卓越小学教师要符合基础教育的基本要求，具有适应小学教育教学工作的近程标准的能力；要主动进行专业发展，满足基于教育改革不断提出的新要求，这是符合中程标准的；能够从教师发展中找到自身感兴趣的内容，进行集中的研究与实践，成为某一教育教学领域的领军人物，在远程上并不设置最高标准，而是依据卓越小学教师自身的发展情况而定。

第二节　基于培养标准的卓越小学教师培养模式的构建

一、校地联盟培养模式

校地联盟培养模式是指由高等院校、地方小学及教师发展学校三方联动，共同培养卓越小学教师。高等院校制定培养目标，地方小学、高等院校及教师发展学校抽调优秀师资共同组成教师指导团队，由教师指导团队统一进行课程的设置和教学实践环节的安排。这种培养模式既保留了一体型培养模式的优点，又很好地融合了三方的优势资源，将资源聚合在一起共同助力卓越小学教师的培养。同时，教师指导团队全权负责培养的事宜，并且在教师指导团队中建立领导责任制，可由三方共同商议推举一人担任，也可组成委员会的形式进行共同商议。

（一）校地联盟培养模式的侧重点

该模式的侧重点主要包括以下内容。第一，由高等院校、教师发展学校与地方小学的优秀师资共同组成教师指导团队，由教师指导团队共同进行课程的设置和实践教学。第二，在课程内容的设置上按照培养标准的要求进行，但在课程的实施方式上发生了一定的变化，即基础型课程由高校教师进行授课，而将支持型与主导型课程交由教师发展学校进行授课。在教师发展学校中的授课注意课程实施的多样性，运用多种形式，如讨论、座谈会、辩论会，多以体验课的形式教授。第三，仍然将教学实践的重点放在地方小学之中，着重锻炼学生的专业能力。将教学实践的环节分为教育见习与教育实习，同时，将教育实习分为两个阶段，前后连接。第一阶段注重教学的完整性，能够独立完成一整节课的教学，熟知教学的流程与环节；第二阶段注重提高课程完成的质量，能够从多个方面提升自身的教育教学能力。第四，将课程实施与教学实践穿插进行，有利于理论联系实际，帮助受训教师形成有关教育教学的知识、教育对象的知识等。第五，在上述环节结束后，进行总体的反思与评价，并且将教师发展学校与当地小学纳入评价者中。评价的内容不仅包括对受训教师成绩的评定，也包括对教师教育机构及其他参与者的共同的反思与评定。第六，高等院校在其中仍然起着主体的作用，是沟通其他二者的桥梁。

（二）校地联盟培养模式需要的条件

实现该模式需要满足以下条件。第一，教师发展学校、地方小学与高等院校要建立良好的互动、合作关系，建立校地联盟。第二，课程的设置能够充分体现标准的要求，课程的实施形式多样化。第三，教学实践要为学生带来实际能力的提高，带来对学生心理上的影响，促进学生自我发展能力的提高，确立使教师成为卓越小学教师的角色认知与职业认同。第四，课程设置与教学实践在总体的安排上系统、有序，不能流于形式。同时，课程的设置也可视具体情况而定，将课程按照适宜的顺序进行安排，或者交叉进行。第五，针对反思与评价的环节，应该从实际出发，实事求是，对优势和不足进行分析，应该形成书面的材料以备日后的总结与提高。第六，充分激发教师发展学校与地方小学参与小学教师培养的积极性。第七，要注意发挥受训教师的主动性，受训教师可以根据自身的特点自主地进行课程修习。第八，教师指导团队中领导责任制要建立完备，这直接影响培养模式各环节的质量。

总的来说，校地培养模式能够充分发挥高等院校、教师发展学校和地方小学的优势与特色，也改变了以往理论课程与实践环节的脱节，将二者在组织形式、课程安排上有了一定的调整和提升，将有助于卓越教师培养的陈述性知识与程序性知识的有效结合。此外，对于教学反思与评价来说，在评价的主体与评价的范围方面都进行了一定程度的扩大，有助于发挥评价对培养模式的改进与提高作用，促进评价对受训教师内涵的提升。

二、项目培养模式

项目培养模式是指由高等院校与地方政府共同设立卓越小学教师培养项目。项目培养模式保留了体型培养模式的优点，并且在课程设置与教学实践上突出理论和实践的连接。此外，在评价方式的设定上，采取二次评价模式，更有助于加深受训教师对自我的认识，有助于受训教师的成长与发展，对专业理念的形成、专业知识的掌握、专业能力的锻炼等方面都具有非常重要的作用。

（一）项目培养模式的侧重点

该模式的侧重点主要体现在以下几个方面。第一，将卓越小学教师培养依托项目进行，项目由高等院校与地方政府共同商议，同时由高等院校作为培养主体，地方政府则提供必要的资助，如资金、教学设备等的投入。第二，地方小学作为地方政府授权的委托单位，要参与到课程设置、师资配备及教学实践的过程中去，并且积极使用发言权。第三，在课程设置上，要符合培养标准的要求，同时要在小学建立课程实验室，将小学教师引入其中与大学教师一同设置、开发、教授课程，大学教师可以在其中提供智力支持，小学教师则提供丰富的实践经验。第四，在教学实践环节中，进行教育见习、实习，同时要在小学中建立以问题为导向的工作站，将在一天训练后集合在此，以实践指导教师为主，大学相关教师为辅，集体讨论实习中遇到的问题与困惑，逐步尝试找出解决的策略，并且要求运用到以后的教学中。对于大家提出的比较集中的问题，可做详细的记录，并且编辑成文本资料在实习结束后带回培养学校。第五，评价分阶段进行，实行二次评价模式。第一次评价在课程修习、教育实习完成后进行；第二次评价在实习或支部后进行。第六，受训教师修习完项目后直接进入教师岗位。

（二）项目培养模式需要的条件

为了将该模式发挥出最大作用，需要满足以下条件。第一，高等院校、地方政府与地方小学要建立良好的合作关系，建立战略伙伴关系。第二，地方小学能够真正进入卓越小学教师的培养过程中，并且切实在其师资、课程上有所建议。第三，工作站与课程实验室要切实发挥作用，需要高等院校与地方小学进行合作，并且建立一套科学的管理制度与评价体制。第四，必须具备完备的实习条件（如时间、教学环境、学校情况）及必备的师资指导，在实习前要进行必要的教学训练。同时，地方政府要在学生实习时给予经费的补助，对学生实习情况进行适时监控。第五，鉴于培养模式设计的环节较为丰富，在项目的年限上可以适当延长，以4～5年为宜。第六，在实习过程中注重对学生师德和仁爱之心的激发与培养。第七，在项目实施过程中注重逐渐激发学生对教师职业的热爱，这将有利于在项目结束后投入教师岗位。

总的来说，从上述建构的模式中可以看出，卓越小学教师的培养模式是多种多样的，并不仅仅拘泥于一种形式，模式的多样性自然会带给卓越教师培养的丰富性。当然，除了在本文中所建构的校地培养模式、项目培养模式外，还存在很多的培养模式，我们只是列举一二作为参考与借鉴。我们始终相信，随着时间的推移，对卓越小学教师培养模式的探索终将开花结果，会提出更加成熟与完善的培养模式。而由这种培养模式培养出来的卓越小学教师必将会对小学生的认知、情感、意志、个性等方面都有着深刻的了解，并且熟知在小学阶段这一学生发展的关键期，学生发展所面临的冲突。同时，在其语言表达、逻辑思维及对学习材料的解读上能够贴合小学生的实际情况，成为让小学生认可并喜欢的教师。此外，卓越小学教师必将会以教师的人格魅力影响学生，用教师对生命、对学生和对教育的理解影响学生，浸润学生的成长。

第六章 卓越小学教师培养探索与实践

第一节 我国卓越小学教师培养的背景分析

一、教师队伍建设向质的提升迈进

1978年10月,教育部颁布的文件中强调"建设一支又红又专的教师队伍";1985年又提出"建立数量足够、合格且稳定的师资队伍";1986年颁布的《中华人民共和国义务教育法》中再次强调"国家要采取措施加速培养、培训师资"。从国家颁布的这三个文件中的具体内容可以看出,改革开放的前十年间,国家一再强调加强教师队伍建设。

20世纪90年代以后,我国教师的数量在急剧增加,不管是小学、初中还是高中,各级专职教师明显增多,教师队伍在不断壮大。随着教师数量的扩大,国家对教师的素质和质量提出了要求,国家在政策文件中对教师队伍的表述发生了变化。1993年颁布的文件中指出"建设素质良好、结构合理且稳定的教师队伍是其根本"。1998年,教育部颁布的文件中对教师的质量提出了要求,规定教师实行聘任制,教师通过考核、竞争上岗。1999年提出了"高质量",2003年提出了"教师队伍的专业化",2006年实施特岗计划,2007年实施免费师范生计划,2010年实施"国培计划",同年颁布的《国家中长期教育改革和发展规划纲要(2010—2020年)》和2012年颁布的《关于加强教师队伍建设的意见》均指出"要建设高素质、专业化的教师队伍"。在此基础上,2014年颁布的《关于实施卓越教师培养计划的意见》中强调要培养卓越中小学教师。除此之外，国家对高质量教师队伍的追求还体现在教师学历标准的提升上。1991年国家颁布文件指出"探索培养高学历的小学教师"。1998年提出"2010年前后，经济发达地区力争使小学教师学历提升至专科，初中教师学历提升至本科，高中教师学历提升至硕士"。2018年国务院颁布的文件中再次提出要提升中小学教师的学历。

可以说，国家相关政策和文件的颁布，为我国教师队伍建设的质量提升与教师专业化提供了前提和保证，也进一步说明我国教师队伍建设正在向质的提升的方向迈进。

二、教师教育体系向开放多元迈进

改革开放之初，我国的教师教育体系一直处于三级培养的单一封闭状态，直到1999年这种状态才被打破。在1978—1998年的二十年间，我国在教师教育机构上建立的是"三级师范"：中等师范学校（中师）、高等师范专科学校（师专）、师范本科院校（高师）。在教师培养上，中师重点培养小学教师，师专重点培养初中教师，高师培养的是高中及以上教师。与此同时，与三级培养相对应所建立的培训体系是"三级培训体系"。

1999年3月，教育部颁布的文件中指出"师范教育结构由'三级'向'二级'过渡，并提升培养与培训的质量"；同年6月颁布的文件中又提出"鼓励综合院校和非师范高等院校参与培养培训中小学教师，并探索在有条件的综合性高等院校中成立师范学院"。相关文件的颁布使得我国的师范教育开始由封闭向开放迈进，培养与培训趋向一体化。

2001年国务院颁布的文件中正式提出"师范教育结构要逐步实现三级向二级过渡"，并提出用"教师教育"替代"师范教育"。在国家一些政策的推动下，中师渐渐淡出教师教育体系，高师院校逐渐增加，研究生学历的教师数量在逐步增加。2004年出台的文件中提出"建构灵活开放的教师教育体系"。

随着国家出台开放的教师教育政策，我国的教师教育体系逐渐开放化，并且随着三级教师培训体系的变化，教师教育培养与培训相分离的现状得到改变。

三、教师教育管理向标准导向迈进

改革开放以来，我国的经济管理体制经历了从计划经济向市场经济的转变,与此相对应的教师教育管理从计划包办逐步向标准导向方向迈进。在单一封闭的培养体系下,教师教育由国家领导,进行分级管理,师范院校如何设置、教学计划如何安排、招生名额如何分配等全由国家按计划管理。

1993年颁布的文件中明确提出国家要简政放权,实行分级管理与负责的管理体制。随着教师体系的逐渐开放化,教师教育管理也逐渐向标准导向迈进。标准导向的教师教育管理主要体现在以下几方面。首先,教师资格制度逐渐规范化。1986年颁布的《中华人民共和国义务教育法》指出,"国家要实行教师资格考核制度"。1995年《中华人民共和国教育法》的出台,以法律的形式规定我国要实行教师资格制度。2000年提出要在全国范围内实行教师资格制度。2010年,又提出了"国标、省考、县聘、校用"的教师准入制度。2015年教师资格考试由省考变为国考,由此我国开始在全国范围内实行教师资格考试。其次,对教师教育的课程制定了统一标准。2011年,教育部颁布的《教师教育课程标准(试行)》总体上对其课程的理念、结构、内容、资源、教学方式及教育实践等方面做出统一要求,并对幼儿园、中小学的教师教育课程设置做了具体说明。可以说,《教师教育课程标准(试行)》的颁布使得我国教师教育课程设置有了可循的依据。最后,明确了幼儿园、中小学教师的专业标准。2012年,教育部首次颁布了中学、小学及幼儿园三个层次教师的标准,这三个标准从培养、准入、培训、考核等方面对幼儿园、中小学教师做出了要求。

总的来说,改革开放的四十年,随着国家一系列政策文件的颁布,我国的教师教育实现了三个转变:教师队伍建设向质的提升迈进;教师教育体系向开放多元迈进;教师教育管理向标准导向迈进。可以说,教师教育的改革与发展为我国卓越教师培养计划的实施提供了前提和基础。

第二节　卓越小学教师培养的价值取向的实现

一、卓越小学教师培养价值取向的定义

卓越小学教师培养的价值取向是指卓越小学教师培养主体在进行培养活动的过程中对一定培养行为进行选择时的指向性与倾向性。这种指向性与倾向性

影响着卓越小学教师培养的效果,也可以说是影响着师范生培养的效果。因而,确立合理的价值取向对我国卓越小学教师的培养至关重要。

二、卓越小学教师培养价值取向的体现

卓越小学教师培养的价值取向主要表现为在各大试点院校进行卓越小学教师培养的过程中,卓越小学教师培养主体采取一定培养措施作用于师范生时所持有的价值倾向。卓越小学教师培养主体所持有的价值倾向通过具体的培养目的表现出来。培养目的在具体的培养活动中主要通过培养目标、课程设置、培养过程、培养方法等体现出来。目前,我国卓越小学教师培养价值取向主要表现为卓越小学教师培养精英化、卓越小学教师培养理论化、卓越小学教师培养行为极端化。

(一)卓越小学教师培养价值取向的精英化

精英化是相对于非精英化、大众化而言的。在教育领域,非精英化、大众化教育主要是指不以培养人文学科的专业人员、未来的专家学者及真正的学术领域的精英大师为目标的教育。

据此,精英实乃高精尖技术人才,大学教育精英化便是将有限的教育教学资源集中起来培养时代需要的高精尖技术人才或优秀人才、卓越人才。将有限的优质教育教学资源分配给参与精英化教育的培养对象,是精英化教育区别于大众教育、传统教育的根本特征。精英化教育培养出的人才在人格特质、人文素养、实践能力、社会阅历等方面都具有区别于一般人的卓越品质。

进行精英化的培养活动,一方面有利于使有限的教育资源得到更有效率的配置,使人才培养效率实现最大化,也有利于提高人才培养质量,相应提高教育质量,以更好地促进社会经济的发展;但另一方面,精英化的培养活动使得另一部分人丧失了享受优质教育资源的机会,导致教育资源分配不公,引发教育不公平现象。

我国卓越小学教师的培养目的主要是为我国的基础教育职业输出高质量的师资力量,进行精英化的集中培养是目前我国卓越小学教师培养实践的共同特征。

(二)卓越小学教师培养价值取向的理论化

厘清理论化的概念,首先要明晰什么是理论。一般而言,理论作为组织化的概念体系,是人们关于事物知识的理解和论述,用以解释一种或一系列的

现象。

  理论具有指导、解释和预测实践的作用。理论化是将某个人所习得的知识或信息在其头脑中加以系统化的过程。理论知识通常与实践知识相辅相成，在培养活动中主要表现在培养内容上。对某个培养活动来说，若培养内容的理论化过强，培养活动往往难以达到理想的培养效果。相应地，我国卓越小学教师培养活动若是过于强调培养内容的理论化，培养出来的人才可能会因缺乏相应的实践经验而难以适应以后的教师岗位。

  人才培养内容是人才培养措施的表现形式之一。就学校教育来说，课程是人才培养内容的主要表现形式。这里的课程不仅包括学校主管部门在课程表里所设置的内容，还包括与课表设置内容相联系的一切课外活动等。

  在我国卓越小学教师培养的课程设置中，理论课程占据着主导地位。学生在课程中获得的陈述性知识比较多，而体验性、感受性的知识较少。不难看出，当前我国卓越小学教师培养还是将重点放在了教师教育知识的学习上。要知道，师范院校承担着为我国的基础教育培养中小学教师的职责（这也是师范院校相较于非师范院校的特色之所在），如果过于注重学生对教育理论知识的学习，注重学生学术性的培养，着意将学生培养成教育理论方面的专家，导致学生对在教育教学实践中"如何教"知之甚微，那么学生在以后走向教师岗位时，又如何更好地将自己拥有的知识教授给学生呢？除此以外，必修课程占据着总学分的77.3%，而选修课程仅仅占据着总学分的12.3%，卓越小学教师培养内容趋于统一化，较低的选修课比重不利于学生个性的发展。卓越小学教师不仅应该具备扎实的专业知识，更为重要的是在对待自己今后的教育工作上，有着强烈的积极性与主动性，具备良好的心理素质，以及有着不断向前、不断提升、不断发展、不断完善自己的动力。培养内容的理论化容易造成我国卓越小学教师培养理论与实践脱节，进而导致卓越小学教师在今后教育教学工作中的适应能力较差。

  （三）卓越小学教师培养价值取向的极端化

  极端是事物发展的端点状态，往往出现两个互为对立的高峰。这里的极端化主要形容人们的行为指向。人们在进行行为抉择时，往往呈现出不同的行为指向，有人喜欢美好的事物，也有人喜欢丑陋的事物。当前，我国的卓越小学教师培养行为的选择就受到了各大师范院校培养主体行为偏好的影响，有学校倾向于培养出教育实践能力较强的学生，有学校倾向于培养出教育理论知识丰富的理论型研究员,有学校倾向于培养出全方面发展的精英教师等。因此卓越小学教师培养活动的培养行为指向呈现出明显的极端化现象。

独立的师范教育体系是我国传统的教师培养制度,它保证了我国基础教育师资力量的输出。基于此,教育部将各师范高校作为卓越小学教师计划实施的试点单位,以其独立的师范教育体系为载体,且通过卓越小学教师培养实验班来实现对我国卓越小学教师的培养。不难看出,我国卓越小学教师培养实际上是在培养具有卓越小学教师特征的师范生。通过浏览开展卓越小学教师培养实验班的师范高校的网站及查阅相关文献,笔者发现,在实施卓越小学教师培养计划的高师院校中,卓越小学教师培养行为存在极端化现象。

我国《关于实施卓越小学教师培养计划的意见》(2014)明确提出"培养一大批师德高尚、专业基础扎实、教育教学能力和自我发展能力突出的高素质专业化中小学教师",不难看出,我国将卓越小学教师培养目标定位为不仅应该具备扎实的专业知识和教育教学能力,还应该具备高尚的师德及自我发展能力。

就目前各大师范院校开展的卓越小学教师培养实践的具体情况来看,部分师范院校为了提高本校师范生的就业率,将卓越小学教师培养等同于教师专业化,在培养卓越小学教师方面将重点放在了师范生教育教学技能的提升方面,如安排了一年半的教育实习期,设置专门的教师教育技能提升课程,以提升师范生的讲课说课能力。

我国卓越小学教师培养活动也是一种教育活动,有其明确的培养目的。就教育活动而言,教育目的可以分为价值性教育目的和功用性教育目的。价值性教育目的是教育在人的价值倾向性发展方面想要达到的目的,这种目的最根本的还是注重培养人的社会情感和个性情操;功用性教育目的是教育在发展人从事活动的能力方面想要达到的效果,其最根本的是注重培养人的实际动手能力和操作能力。在教育活动中,价值性的教育目的指引人追求更高的精神境界,而功用性价值目的引导人们不断提高自己从事某项活动的技能,二者统一于教育活动中,不可相互替代。在教育活动中,教师既要注重学生正确价值观的培养,又要不断提高学生的动手能力,使学生具备从事某项活动的智能。我国卓越小学教师培养活动也有着相应的培养目的,其培养目的主要体现在学校的培养目标、培养内容(学校课程设置)、培养方法等方面。从相关调查研究的资料分析情况来看,我国卓越小学教师培养目的功用性取向明显:为了适应信息社会对高素质人才的需要，而将教育作为培养人的一种手段，其最终培养的是社会需要的高素质教师。社会需要什么样的人，我们便培养出什么样的人，这样的培养活动更加重视人的相关基本素质和能力的培养，因而培养教师跟工厂的机器生产不谋而合。我们的培养活动不仅要培养出社会需要的人才，还应将培养对象的身心发展规律考虑在内，这样我国培养出来的卓越小学教师才是完整的、全面的。

价值取向是人们行动的向导，它为人们的实际行为和决策指明了方向。合理的价值取向会对事物的发生、发展起推动作用；反之，便会阻碍事物的发生和发展。我国卓越小学教师培养价值取向存在的这些问题势必影响培养效果。因此，在了解到我国卓越小学教师培养的价值取向存在的种种不当表现之后，我们要找出这些表现的影响因素，并试图确立卓越小学教师培养的应然价值取向，以推动我国卓越小学教师培养实践的发展。

三、卓越小学教师培养合理价值取向的实现

基于对卓越小学教师培养的现状考察、卓越小学教师培养合理定位的分析及国内外卓越小学教师培养相关经验的借鉴，我们应该明确卓越小学教师培养的目标定位，我们所要培养出的卓越小学教师是有着开放学习心态的教师，是不断追求好的教育，敢于不断突破自我、发展自我，不断为自己提出更高的要求并逐步走向卓越的教师。我们这里所阐述的卓越小学教师与一般教师、优秀教师、特级教师、高级教师有所不同，它并不是一种结果性、终结性、实用性、功能性、工具性的概念表达，而意味着一种品质与素养，是不断变化并发展的。这样的品质与素养需要从教学过程中汲取，它们的养成是长期化的过程。培养活动的实现依赖于培养目标、培养标准、培养内容、培养方法等，优化培养活动的结果则要从培养目标、培养标准、培养内容、培养方法等方面出发。为了满足师范生未来逐步走向卓越，使每位师范生拥有逐步走向卓越的潜质的需要，卓越小学教师培养活动需要在培养目标、培养标准、培养内容、培养方法等方面予以调整和改进。

（一）树立以人为本的培养目标

我国卓越小学教师培养是根据一定的培养目标，采取一定的培养措施，以作用于培养对象，并使其身心变化达到预期培养结果的活动。培养目标是我国卓越小学教师培养的出发点和归宿，它由培养者制定并在一定程度上体现着培

养者的价值取向。因此，确立合理的卓越小学教师培养目标有利于推进我国卓越小学教师培养的进程。我国卓越小学教师培养计划的顺利推行，培养目标的定位是关键的一环，是我国卓越小学教师培养活动的导航，指引着我国卓越小学教师培养活动的方向。

培养目标是教育目的在各级各类学校教育机构的具体化。教育目的与培养目标之间是普遍与特殊的关系，教育目的是培养目标制定的前提和基础。各级各类学校可根据各自学校学生的不同特点来制定学校的培养目标。因而，培养目标在一定程度上也体现着学校教育的价值取向。培养目标作为一种终结性结果的表达，对学校的培养活动具有一定的指向性。同样地，我国卓越小学教师培养作为一种培养活动，在各大试点院校的实施中也有着不同的培养目标，确立合理的卓越小学教师培养目标有利于我国卓越小学教师合理价值取向的实现。就我国卓越小学教师培养目前在各大试点院校实施的情况来看，各大高校对卓越小学教师培养的目标更多地是从功用性效用的角度进行理解，它们倾向于将卓越小学教师培养的目标理解为具有扎实的专业知识、较强的专业能力及在以后的教学工作中能够热爱教育事业并且胜任教学工作的教师。这样的理解忽视了卓越小学教师的真正内涵。卓越小学教师自然需要具备扎实的专业知识和较强的教育教学实践能力，但教师是人类灵魂的工程师，教师在从事教育工作的过程中更多地是影响人的灵魂和塑造人的灵魂。我国卓越小学教师培养应强调教师对学生物质人格和精神人格的塑造，使学生具有健全的人格，才能让他们在以后的教育教学工作中去影响人和塑造人。

目前各大试点高校培养出来的教师拥有相应的专业知识和专业能力，他们将教师职业作为一种谋生的手段而不是作为自己爱护的事业来对待，他们对工作缺乏主动性和积极性，教学活动缺乏活力，他们虽然能够适应教学工作的岗位，但是随着时间的推移，他们只能成为传统的"教书匠"，而不能够成为卓越小学教师，这些都背离了我国卓越小学教师培养的初衷。卓越小学教师首要的特征是卓越的人，其次才是卓越的教师。我国目前培养出的卓越小学教师是"准备式"的卓越小学教师，强调知识和技能得到的培养效果只是暂时的，也使我国卓越小学教师培养具有长期性和滞后性的特征，现在培养出的"准备式"卓越小学教师实际上是在为未来实现"完成式"卓越小学教师做准备。因此，我国卓越小学教师培养目标应该更加注重身心融合的持久的心理品质的培养。卓越小学教师的培养应从长远的角度来看，我们不仅要培养他们现在作为教师应有的基本素质，如具备相应的专业理论基础和教育教学能力，更应该培养他们以后作为卓越的人应该具备的基本素质，如终身学习的理念、自我认识的能力等。因为社会环境总是在不停地变化，如果他们现在因为具备了卓越小学教师的基本素质而在学习上停滞不前，那么等到社会环境发生变化时，他们最终会因为无法适应社会环境的变化而被社会所淘汰。所以，我国卓越小学教师的培养首先是要培养学生成为卓越的人。我国卓越小学教师培养目标除了要考虑适应基础教育发展和参差相关教育领域的专家意见之外，还应考虑到培养对象身心发展的需要。卓越小学教师职前教育阶段的培养质量影响着学生职后发展的质量。为此，学校在制定卓越小学教师培养目标时，应该将卓越小学教师应具有的基本特质考虑在内，通过对参与培养对象的调查研究，了解学生的发展现状（包括已经具备的卓越小学教师的特征，还须加上发展的卓越小学教师特征等），在尊重学生发展主体性的基础上，综合相关学科专家的建议及社会的实际需要，确立合理的、可行的卓越小学教师培养目标。

针对目前过于重视理论知识学习或者过于重视实践能力的卓越小学教师培养现状，各个试点学校卓越小学教师培养目标的确定一方面要适当增加教育理念与责任在培养目标中的比重，帮助学生树立正确的教育观念和人学观念，增强学生在以后从教生涯中的责任感；另一方面，培养目标中不能过于强调教育理论知识的学习或者过于强调教育实践能力的培养，要采取折中的办法合理看待二者在培养目标中的比重，适当增加对学生创新理念、终身学习理念的培养，为学生成为卓越小学教师奠定基础。

总的来说，我国卓越小学教师培养是生命影响生命的活动，卓越小学教师培养的主要对象是高校的师范生，我们培养的是未来的卓越小学教师。在实际的培养活动中，学校应该深刻领会卓越小学教师培养目的对具体的卓越小学教师培养活动的引导作用。卓越小学教师并不只是教育教学能力强的教师，他们不仅对学生有着一颗仁爱之心，还有一种不断追求、不断超越自己的意志。因此，学校在实际的培养过程中应该注意将师范生培养成为具有健全人格的人。我们要知道，教育是对人的灵魂的教育，而非理智知识和认识的堆集。

（二）明确卓越小学教师培养标准

培养标准是培养目标的具体化。确立明确的卓越小学教师培养标准，一是有利于判定和选择已经达到卓越小学教师水平的学生；二是卓越小学教师培养标准的设定有利于促进一般学生、优秀学生等向更高的水平发展，进而不断地提升整个教师队伍的质量。卓越小学教师培养标准是教师队伍不断超越自我、突破自我、创新自我、追求卓越的指南针,将为我国教师队伍不断向前发展指明道路和方向。

就我国卓越小学教师培养现状来说,包括各大试点院校在内,卓越小学教师培养标准的描述显得较为笼统和迷糊,各个学校对卓越小学教师概念上的理解不清楚,使得卓越小学教师培养计划实施的行动不一致,这在一定程度上会造成培养结果的多样化,而导致培养结果多样化的根源在于卓越小学教师培养缺乏科学理论的指导。

从国际上看,各国卓越小学教师培养计划行动具有共同的特征:明确卓越小学教师的培养标准。美国NBPTS确立了包括教师观、学生观、教学观在内的卓越小学教师专业标准,将这一标准纳入了师范生培养项目和教师专业发展项目,并且该专业标准成为师范生评价的主要内容和依据。英国制定了包括知识、能力、认同感、敬业精神、承诺、权力等在内的卓越小学教师培养标准,这一培养标准既体现了英国政府对卓越小学教师概念的理解,也有利于向大众阐释卓越小学教师的概念。由此我们可以看到,各国强调并重视卓越小学教师培养标准在卓越小学教师职前培养过程中的作用,在一定程度上有利于卓越小学教师培养行动的丰富与发展。

因此,就我国卓越小学教师培养现状来看,确立明确的卓越小学教师培养标准已经迫在眉睫。卓越小学教师培养标准的拟定依赖于对卓越小学教师应具备的特质的理解。卓越小学教师首先是卓越的人,有着开放的精神境界、不断向前发展的动力,乐于尝试新鲜的事物,有着终身学习的理念和可持续发展的能力;其次才是卓越的教师,卓越的教师应具备相关的教育教学知识与能力。

(三)优化卓越小学教师培养的课程体系

课程是实现教育目的和培养目标的重要载体,一定的课程内容反映着培养者的教育目的及培养目标。课程内容的制定和选择体现着培养者的价值取向,也影响着我国卓越小学教师培养的效果。

1.课程的设置要注重人的发展

课程是实现教育目的与培养目标的内容和资源,任何教育活动都必然牵涉一定的思想和价值,纯粹的知识传授是不可能也不存在的,知识背后本身就潜藏着思想和信仰,内含着价值追求,课程体系也势必要反映和体现出一定的价值取向。

人具有丰富性和多样性，不能用固定的课程内容去影响和教育每一位学生，这样只会遏制学生个性的发展，不利于学生的健康成长。传统的课程内容设置强调知识性，这种知识性课程往往不能满足不断变化的社会实践的需要。比如，我国现行的卓越小学教师培养课程设置重视教师教育知识与技能的传授，这只能将学生培养成"未来的教书匠"，这与传统的普通教师有何区别？

对学生来说，实现人存在的意义仅仅依靠课程所传递的知识是远远不够的，课程只能帮助学生获得关于世界的知识经验和理解方式。现代社会不断变化发展的要求使得学校课程所提供的知识远远不够，课程要想实现人的发展必然要关注"人"，将目标转向为实现人的发展。人的丰富性和多样性决定着学校课程设置应该重视学生的生存和发展状况，学校教育不只是要教会学生生存的知识和技能，更重要的是教会学生存在的智慧，使其在脱离学校教育之后也能勇于突破、勇于创造，以实现学生的发展，使其逐步走向卓越。

就我国目前的卓越小学教师培养体系来说，课程的设置应该由原本的知识取向转变为人本取向，课程内容的设置应加强对人的存在的关注，注重每一位学生的发展。人的发展是一种有意识的努力，这种努力基于人本身具有广泛的可能性这一前提，教育使之按照一定的价值观成长起来。

认识自我、了解自我才能不断地突破自我，在这一前提下，学生才能走向"卓越人"。因此，培养卓越小学教师的课程编制及内容的选择应从学生身心发展的需要和客观的实际情况出发，结合学生生理、心理、情感、社会等方面的实际需要和发展规律，对课程体系进行相应的调节和修正，适当增加学校选修课程的比重，促进开放的、动态的、生成的人本取向的卓越小学教师课程体系的形成，使每位学生的个性都能得到发展。

2.课程体系的设计要以教师专业化为向导

卓越小学教师首先要成为卓越的人，其次要具备教师的职业特征。因此，我国卓越小学教师培养活动的实施在课程体系设置方面也要体现教师的专业化。我国卓越小学教师培养主要在各大试点高校进行，各大试点高校根据国家颁布的"卓越小学教师培养计划"并依据各自学校学生的情况制定具体的培养方案。各大试点高校在进行卓越小学教师培养的具体实践时，由于对卓越小学教师培养的侧重点不同，其课程设置也各不相同，如有的学校重视教育实践课程，有的学校重视教育理论知识课程等。总的来说，卓越小学教师培养的课程设置还是强调师范生基本教育教学能力和教育实践能力的培养，而并没有认识到卓越小学教师培养的深刻内涵。教师职业与其他职业不同，由于学生本身具有复杂性和多变性，教师要懂得掌握学生身心变化和发展规律，引导学生形成正确的人生观、价值观、世界观，以及懂得如何与学生建立良好的师生关系，引导学生健康成长。因而在卓越小学教师培养的课程体系设计中，教师不仅要让师范生懂得"教什么"，还要让师范生懂得"怎样教"。我国卓越小学教师培养的课程体系设计要以教师专业化为向导，不仅要重视师范生专业学术能力的培养，更要重视师范生的教师专业素养的养成，使师范生的学术性与师范性都能得到发展。

3.课程体系的设计加大教育行动研究的比重

教育行动研究作为一种研究方法，是针对出现的实际问题提出的建议方案，并使该方案在具体的实际操作中得到不断修正和完善的方法，它可以说是人的一种解决随机问题的能力。促使师范生掌握教育行动研究这一方法，有利于师范生将所学理论知识运用于实践，实现理论知识与实践的有效结合。目前，各大试点院校在课程时间的安排上有欠缺，学生学习理论知识的时间过长，学习实践知识的机会只能依托于教育实习，多数同学被安排到教育实习基地后仅仅是参与课堂教学，提升其课堂教学的基本技能，而不是参与课堂观察，发现课堂中的问题并在课后进行解决。教育实习过程并没能真正解决学生在实习过程中所遇到的问题，不能使学生进行教育行动研究的能力得到提升。我国卓越小学教师培养的课程体系设计的目的不只在于锻炼师范生的上课技能，更重要的是要让师范生在参与学校的教育教学活动和学校管理活动的过程中学会反思，提高将理论运用于实践的教育行动研究能力。

（四）为学生提供优质发展的机会

顾明远先生曾说："教育的本质是培养人，让每一个个体都能得到充分的发展。"人及人的发展是教育活动的根本所在。培养活动与教育活动类似，我国卓越小学教师培养的对象是师范生，师范生是正处于发展过程中的个体，而卓越小学教师培养最终要实现每一位学生的发展。步入21世纪，个性化已经成为时代的重要特征。我国卓越小学教师培养要促进每一位师范生的发展，首先要尊重每位师范生自身存在的个性特征，要了解学生之间的智能差异，并针对学生之间存在的心理差异进行有针对性的指导。卓越小学教师并不是全能教师，他们的卓越成就可能是在某一方面的能力比他人更加优秀。我们现在培养的卓越小学教师是具有卓越潜质的教师，为了以后能使其为实现自身的卓越创造条件，各大试点院校在进行卓越小学教师培养的过程中应当以个性化培养理念为导向。其次，培养的过程应该尊重每位师范生，为其提供均等的培养机会。现今，追求教育公平和追求教育资源均衡发展已成为我国教育事业发展的趋势。教育公平首先要保证的是教育起点的公平，然后是教育过程的公平，之后才是教育结果的公平。我国卓越小学教师培养的目的并不只是成就一部分人的卓越，而是使人人都能得到实现卓越的机会。卓越小学教师培养可以考虑放宽报名资格限制或者取消分班培养的方式，为每位学生提供平等的发展机会。

（五）给学生提供可持续发展的动力

当前，我国已经步入知识经济社会，科学技术更新的速度逐步加快，这使得人们需要具备相应的学习能力，而且学习是人类生存和发展的重要手段。就教师而言，"严谨笃学，与时俱进，活到老，学到老"逐渐成为每位教师的学习理念，"给学生一碗水，教师先要有一桶水"的传统教育理念已经不能适应目前社会发展的需要。现今，对个人来说，获取知识的方法比获取知识本身更为重要，教师要教给学生学习的方法，自身便要懂得如何学习这些方法。因此，教师的可持续发展理念显得尤为重要。卓越小学教师的培养并不是一气呵成的，而是为职后教育做好铺垫。学生入职以后的发展还是依赖于个体是否愿意主动地追求发展。这些意愿则依赖于学生在学习过程中获得的对教育工作的坚定信念和可持续发展的理念。从长远的角度看，培养卓越小学教师，不仅仅要培养师范生作为教师应有的基本素质，如具备相应的专业理论基础和教育教学能力，更应该在教育教学的过程中坚定他们的教育信念和可持续发展的理念，使他们在学习的过程中不断获得发展的动力，不断对自己提出更高的要求。社会环境在变化，如果现在只是掌握了相关的教育知识与技能，而在以后的工作中停滞不前，那么最终会由于难以适应变化的教育教学环境而被社会淘汰。

（六）优化学生评价方式

学生评价是以学生为评价对象的教育评价，是教育者依据一定的评价标准，对学生的发展进行事实评判和价值评判的活动。对学生评价的结果直接影响学生的思想及行为表现。教育部颁布的《基础教育改革纲要（试行）》中明确指出要在学校教育中建立多元化的学生评价体系，对学生的评价不仅要关注知识文化方面，还需关注学生在其他方面发展的潜能。对学生进行评价的目的主要是帮助学生认识自我、发展自我，使学生在脱离学校教育之后能够实现自我发展。这也是学生评价的教育价值所在。学生评价作为教育评价的核心，是教育评价的重要组成部分，对学生的学习活动具有导向及教育作用，能够引导学生的成长与发展。从评价的主体来说，学生评价包括教师评价和学生的自我评价。学生评价期望效果的达到需要有评价者的主动参与。现在的学生评价已不把学生当成评价的客体，而是将其作为参与评价的主体。使被评价者积极主动地参与评价的过程，以实现教育过程中自评与他评的结合，这有利于增强学生自主适应社会发展变化的能力。目前，在我国卓越小学教师培养实践中，学校对师范生的评价并没有摆脱传统的学生评价模式（注重考试形式的评价），学生评价方式显得较为单一。对我国卓越小学教师培养来说，各大试点院校应该注重评价对学生自我认知、自我发展的促进作用。在学生评价方面，各大试点院校应适当增加学生自主的评价与反思，并引导学生朝着卓越的目标去努力，这在一定程度上有利于加快我国卓越小学教师培养的步伐。

第三节 卓越小学教师培养"四位一体"路径

一、卓越小学教师培养的决策主体——政府

（一）国家顶层设计与地方相结合

国家教育行政部门的政策制定与实施是卓越小学教师培养的前提和保障。卓越小学教师的培养工作需要一个切实可行的标准。尽管在2012年2月教育部发布了《小学教师专业标准（试行）》，对小学教师的专业理念与师德、专业知识、专业能力提出了要求，并且建议将《小学教师专业标准（试行）》作为小学教师培养培训、教师管理的重要依据；然而，这只是一个合格的小学教师的标准，还不是卓越小学教师的标准。所以，目前亟须教育部出台一个卓越小学教师的标准，来指引教师教育培养工作的前进。

首先，在卓越教师标准的制订上，我国也应当考虑到地区发展水平的不同，兼顾到城乡差异。在卓越教师标准制订规则中既要体现对卓越教师的共性要求，又要体现学段和学科的个性特征。我国教育部门可以出台一个总的、宏观的卓越教师标准，即对卓越教师最共性的要求，然后由各个省、市以及自治区根据本地区的政治、经济、教育、文化的实际情况，进一步完善卓越教师的

标准，具体化相关标准及要求，细化各个学段和学科的教师应当达到的目标。并且，为了保证标准实施的可操作性，标准的制订应当具有一些具体的、柔性的、可观测的标准，不宜太过抽象。

其次，在全面培养卓越小学教师的进程中，需要处理好国家教育主管部门与地方教育部门的关系，整合汇集各自的行政权力与专业资源，统筹规划、协同作战。在遵循国家对卓越教师培养所定目标的前提下，全面拓展和开发地方政府与相关院校的自主创新能力，以此来形成差别化与多样性的培养路径。同时，将有关培养单位在卓越教师培养过程中探索出的有益经验进行总结、宣传，供其他培养单位学习、改进。

（二）对招生政策进行改革，挑选优秀生源

发达国家十分重视师资水平对教育质量的影响，因此，师范生的入学门槛很高，他们在入学前一般有多项评估和能力素质要求，在毕业的时候对学生的学习成绩也有很高的要求。我国在军校生、警校生的录取上都有相应的选优政策与提前录取政策，而师范生录取方面的政策倾斜并不明显。教育作为一项关乎祖国未来的工程，一项亿万民心所系的事业，在从教者的选择上应当是优中选优的。因此，优秀的师范生的选拔标准不应当低于国防生、警校生。首先，在高考结束后的招生录取工作中，政府应当给高校赋权，在卓越小学教师生源的招生录取中，由高校增加复试环节，这一环节主要是对报考生的学科知识储备、语言表达能力、人际交往能力、心理健康状况等进行评估。择优录取在一定程度上保证了录取的学生具有"乐教""适教"的基本潜质，有助于选拔出未来有可能成为卓越小学教师的优秀人才。

我国目前推行的免费师范生计划虽然在一定程度上可以缓解农村地区师资不足的窘境。但是，"免费"并不等于"有志"。相反，由于免费师范生毕业后不需要参加教师招聘可以直接进入事业编制，而且大学期间的学费由政府负担，很多对教师职业并没有热情的学生看中了经济利益与安排工作的政策，也纷纷报考了免费师范生。这就导致一部分本身对师范专业没有学习兴趣与从教热情的免费师范生在进入高校后，对教师专业知识的学习和专业技能的训练会比较懈怠，甚至旷课、厌学，有的在学业成绩的考核上甚至比不上非免费师范生，这一现象与我国出台免费师范生政策为农村学校培养优秀师资的初衷是背道而驰的。面对这一问题，高校往往无可奈何，因为根据相关政策，只要学生不及格的科目没有超过一定数量，学生是可以通过补考和重修来获得学分，高校是没有权力对学生进行相关处罚的。但以这样的学习成绩和学习态度，怎么能成为卓越的小学教师呢？因此，政府应当赋予高校一定权力，由高校对免费师范生班级进行动态管理，对多次在班级考核中排名靠后的学生，高校可以将其调离免费师范班，安排其进入非免费师范班级学习，如果学生成绩依旧没有改观，高校可以向其生源所在地的教育局建议取消其毕业即可入编的资格，这能在一定程度上监督免费师范生的学习成绩，提高他们的学习效率，激发其学习动力。

（三）构建卓越小学教师培养评估体系

当前，我国众多高校正在如火如荼地开展卓越小学教师的培养工作，但目前还没有一个具体、合理的评估体系来衡量卓越小学教师培养计划的实施情况。评估对把握卓越教师培养改革的进度、汲取成功经验、分析问题与不足、有效推进改革举措、切实保障培养质量具有重要的参考作用和指导意义。评估不仅应当包括高校的师资水平、课程体系建构的合理程度、实践环节的指导与管理程度、校内外实训条件与场所、用人单位满意度等方面的硬性指标，还应当包括大学与中小学的合作深入程度、各学院协同教学程度、大学与小学教师协同指导配合度、打造具有地方特色与学校特色的创新项目情况等方面的软性指标。

二、卓越小学教师培养的关键主体——高校

（一）设计先行——卓越小学教师培养模式设计

1. 人才培养方案设计

高校在制订卓越小学教师人才培养方案时，应当考虑到小学教师的专业发展能力取向、教学实践能力取向、综合能力取向；坚持基础性原则、综合性原则、实践性原则、前瞻性原则；立足于教育事业发展需要和社会发展需要，注重卓越小学教师的学科专业知识、教育理论知识、教学能力、心理健康、道德伦理、理想信念等方面的培养。高校可以采用"学院合作"制的培养模式，打破高校文理学院与教育科学学院之间的壁垒：教育科学学院安排一位教育学的导师对学生进行教育理论知识及教学科研能力的指导，文理学院安排另一位学科专业知识的导师，负责对学生进行自己所任教学科的专业知识的教导。再通过与优质小学的合作，安排一位具有丰富经验的小学教师来作为师范生的校外

实践导师。特别要说明的是，卓越教师并不完全等同于全科教师。虽然目前国家正在推行小学全科教师的培养，但各项培养工作还处于摸索阶段，如何保证学生对小学各学科知识的学习与教学能力还是一个很难攻克的问题。"贪多嚼不烂"的道理是众所周知的，各个学科的课程体系、课程内容及所适用的教法学法都是有所区别的。一个本科生是很难在四年时间里，对小学阶段的所有课程的教学都做到驾轻就熟的。因此，卓越小学教师首先要保证对自己所任教学科的知识有着很好的储备。此外，高校应当为学生配备具有丰富教学经验的一线教师来进行教学能力的指导和日常班级管理的训练。

2. 课程设计

高校在进行卓越小学教师培养的课程设计时要注意以下几点。

（1）课程设计要定位准确

课程目标的制定与革新，不仅要满足国家发展的需要、社会进步的需要、时代发展的需要、小学教学实际的需要，更要考虑师范生自身发展的需要。师范生在高校的教学活动中的身份是学生，是教学活动中的主体，所以在课程目标设置上要充分考虑到师范生的主体需求。在进行课程设计时，要对师范生进行全面完善的调查分析，对新时代师范生的性格特点、兴趣爱好有充分的了解。此外，要充分考虑到师范生毕业后的工作是从事小学教育教学这一现实，在进行课程目标的设置时，要考虑到小学生的身心发展需求。在充分尊重师范生认知发展规律及实际需要的基础上，征集小学教育专家和大学相关领域专家教授的意见，确立具有时代特征、学科特色、卓有成效的卓越小学教师培养的课程目标。

（2）课程设计要有长程意识

目前，我国的卓越小学教师培养主要关注于职前阶段，没有形成职前职后一体化的思想。卓越小学教师显然不是仅仅本科四年就能培养出来的，职后的发展更是教师成长的重要阶段。"授人以鱼不如授人以渔"，在课程安排上，高校不仅要安排教育理论、学科专业知识、教材分析、教学技能等方面的课程，更要围绕如何进行教学研究、如何解决教学问题、如何帮助自身专业发展等方面设置课程，以此来保证师范生在入职后能够长久保持寻求发展的动力与支持自身发展的能力。

（3）课程设计要能够适应基础教育改革的需求

教师教育课程设计应当充分考虑到基础教育改革对教师能力与素质的要

111

求,在课程学习中培养师范生对教育改革的敏感性和适应能力。完善的课程意识是卓越小学教师的鲜明特征,而课程意识产生于教师日常工作中的实践与自我反思。教师教育课程应当更加关注学生自我学习的意识,以及培养学生在教育活动中的问题意识与行动能力。改革大学课堂的教学模式与师范生的学习方式,鼓励采用互动式教学、情境式教学、启发式教学、案例式教学、研究性学习与反思性学习。

(4)课程设计要重视教师师德的培养

近些年来,我国经常出现教师体罚学生的新闻,形成很大的舆论影响,从一定程度上反映了教师队伍中有一部分人在师德方面存在问题。目前的教师教育课程缺乏对教师职业道德、职业信念的重视与强调,在社会飞速发展、物欲横流的时代背景下,教师的理想信念不能垮塌,职业信念不能丧失。因此,高校在培养卓越小学教师时要增加教师道德、教师伦理、教师心理健康这一类的课程并安排相当的课时。

(5)课程设计要坚持师范性与学术性并重,理论与实践并举的原则

培养卓越小学教师,在师范性课程安排上要注重针对教学、针对实践,在学术性课程上要注重知识的广度、深度,并且师范性课程要与学术性课程相整合,使二者相辅相成。在课程的理论知识上要注重知识的先进性、有效性,并用理论知识来指导实践课程的学习,在实践中检验理论知识,在实践中反思自身不足。

3. 教育实习设计

卓越小学教师的培养应当坚持理论教学与实践育人相结合的原则,将理论知识运用到实践中,再用从实践过程中获取的经验启示来补充修正已有的教育理论知识,实现教师自身理论与实践能力的螺旋式上升。

在实习前,高校相关学院要为学生夯实教育理论与教育技能基础,具体可采取如下措施。

①高校每学期都组织不少于两周的教育见习,将师范生与小学长久关联起来,而不是依靠教育实习的一时之工。

②在选修课的设置上,高校可以提供有关教育实践的选修课程,由大学教师与小学资深教师协同授课,为师范生提供长程化、全方位的职前指导。

③在微格教室进行模拟教学的相关演练。演练主要包括说课与上微型课两个方面,说课有助于学生教育理论知识与教学内容的有机结合,加深对教材内

容的熟悉程度，并且培养师范生把握教学重点、突破教学难点的能力。上微型课有助于师范生更早地熟悉课堂状态，通过确立训练目标、教师角色扮演、编写教学设计、指导教师观摩点评、同学互评、评价反馈、改进提高、再次展示这一系列步骤，推动职前师范生的基本教学技能发展。同时，这两种在微格教室的演练学习，都会在师范生毕业参加教师公招考试的面试时提供很大的帮助。

在实习过程中，高校相关学院要起到统筹安排、监督管理的作用，具体可采取如下策略。

①采取学科分流的方式进行实习安排，高校对小学教育专业的学生从任教学科上进行合理编排，做到每班一个学科1~2位实习教师，一位指导教师带1~2位实习生。在实习开始之前，高校要与地方小学做好沟通交流，保障实习相关工作的有序进行，尤其要避免出现同一学科的大量学生同时进入一个学校，导致实习班级实习生过多，实习课时难以保障，指导教师精力不足的状况。

②安排大学指导教师在固定时间进入校园，答疑解惑。每两周，高校安排教育理论教师进入实习小学，开展答疑解惑的研讨会。实习指导教师、实习班级班主任、实习生与高校教师针对实习生在实习过程中产生的问题一起讨论、解决。

教育实习是一个不断实践、不断反思、不断改进的过程。高校在实习结束后，可以以班级为单位，撰写实习反思，开展实习反思汇报会，组织实习生上汇报课及评选优秀实习生。还可邀请教学名师、名校长、优秀班主任等小学优秀教育工作者来校召开讲座，为实习生答疑解惑、传授经验。

（二）师资保障——加强卓越小学教师培养的师资队伍建设

卓越小学教师班级教师的学术水平与教学能力直接影响到卓越教师培养的质量，因此，高校必须切实保障卓越教师班级授课教师的教学水平。

1. 校外引进与校内开源相结合，对高校教师队伍进行优化

一方面，邀请国内外优秀的专家学者和基础教育领域的专家来校任教，在科研启动经费和住房保障上加大投入力度；另一方面，高校要抓紧提升学校教师学历层次与教学能力，鼓励教师继续深造，同时开设卓越小学教师培养课程的专题培训。

2. 注重培养教师的实践能力，增加基础教育经验

卓越小学教师班级的教师自身不能也不应当脱离现实情景下的小学教育教学实践。大学教师往往会出现"居大学之高"的问题，对小学的见解过于片面化或理想化。因此，高校应当安排没有小学观摩与实践经验的卓越教师班级的大学教师参与半年或一年的小学教育教学实践，常态化地进入小学听课，观察教师与学生活动。这一举措将有利于大学教师更好地了解小学教育教学实践，培养卓越小学教师的后备军时，在方式方法上能够更加切合小学教育教学实际。

3. 构建卓越小学教师培养团队

团队管理的模式有利于卓越小学教师培养的有序进行。高校应建立责任明确、分工合理的管理模式，再加以集体培训、集体备课、定期研讨、观摩上课、中期检查、期末考评等方式，发挥集体智慧，提高培养质量，还可以邀请基础教育的名师来校开展讲座，研讨交流，保证团队的研究方向的实用性及理论水平和教学水平的提高。

4. 树立榜样，激发教师动力

建议学校和学院制定相应的评选和考核办法，推举上一年度在卓越小学教师班级教学上表现优异的教师作为教学标兵和骨干教师，发挥榜样引领的示范作用。在评定职称和绩效考核上，对获得这些荣誉的教师做出一定倾斜，鼓励其他教师在教学科研上做出成就，营造良好的专业发展氛围。

（三）加强与小学的合作伙伴关系

卓越小学教师的培养离不开大学与小学的通力合作。小学可以为师范生提供实习场所和校外指导教师，而大学可以为小学提供策略咨询和问题诊断，并且大学教师的理论知识与小学教师的实践经验可以相互补充，共同为培养卓越小学教师服务。

1. 大学教师与小学教师的合作研究

随着基础教育改革的不断深入，小学对提高学校教学质量的诉求越来越多，众多小学都在进行依托本校具体实际的教学改革与研究。科学有效的教育探索与改革必然缺少不了理论的支撑，小学教师往往在专业理论知识上有所欠缺。大学教师可以与小学教师采取合作模式或者支持模式开展研究。合作模式指的是大学教师与小学教师共同参与课题或项目的探索，协作开展研究，共同

决定研究所采用的方法及研究结果的评价标准。支持模式指的是大学教师充当"智囊"与"军师"的角色，由小学教师先提出研究问题与研究方案，大学教师作为策略咨询者，帮助小学教师制订具体的研究计划与行动方案。无论哪种模式，大学教师与小学教师都是地位平等、相互尊重的。

2. 专业引领——对小学教学难题进行突破

大学教师可以在带领师范生见习、实习、研习阶段，与师范生组成教科研小组，在深入小学教育教学实践的情况下，教会学生发现问题，启迪学生探索教育规律，教授学生研究方法，训练学生研究能力。在培养师范生实践能力的同时，了解小学教师在实际教学中存在的问题和发展要求，通过观摩、提问、研讨等多种途径促进小学教师进行教学反思，破解难题，达到自身专业发展的目的。

3. 建立师范生优质实训基地

这是大学与小学合作中的重中之重，也是卓越教师培养的关键环节。师范生在小学需要积累大量的实践经验，提高自己的教学技能，并且完成自身由学生到教师的角色转变。而这些目标的达成，必须依赖小学给予的实践机会及指导教师的悉心指导。因此，大学应当以积极主动的姿态，与小学建立平等、尊重、互利、互惠的合作关系，打造优质的师范生实训基地，保障师范生的实习质量。

三、卓越小学教师培养的协同主体——地方小学

（一）制定相关制度，明确实习要求

由于实习生在小学的身份具有两面性，他们既是学生，又是教师，因此，小学应当承担起相应的管理责任。首先，小学应当制定相应的考核制度、请假销假制度来保障实习时长。其次，小学要严肃实习纪律，对实习生的仪容仪表、言行举止等方面做出规范。师范生的实习不能对小学的教学活动产生负面影响，干扰正常的教学秩序，甚至引起班级教学质量下滑、家长不满等情况。最后，要明确实习任务，对听课课时、教学课时、参与教研活动次数、参与班级活动次数做出量化考核来作为评定实习成绩的标准之一。由于指导师范生往往是教师分外的工作，在师范生实习过程中，也会出现指导教师指导积极性不高的情况。因此，实习小学也要对指导教师提出相应的要求，如观摩指导师范生上课、示范授课，做出一些量化的规定。并且，师范生在毕业之前的实习汇

报课上，由高校和小学共同组织专家组对师范生的汇报课打分，也可以作为实习指导教师的指导情况的评价参考之一。

（二）建立实习生工作室，形成实践学习共同体

班杜拉[①]的社会学习理论指出，个体、环境、行为在学习中应当是相互作用的，是影响学习结果的决定性因素。自然情境下，学习共同体的产生有利于成员间进行沟通交流、思维碰撞及学习资源共享，进而在学习共同体内部产生相互影响和相互作用，最终促进学习群体的共同进步与发展。学习共同体的形成对学生的学习方向具有指引作用，是对未来学习蓝图的规划，能够增强学习成员间的凝聚力与向心力，使学习共同体的成员在与其他成员的共同学习中发现自身不足，明确发展方向。

教育实习是师范生在专业课程学习中的重要环节，在这个过程中，实习生不应当单打独斗，各自为战；因此，有必要在实习过程中搭建实习工作室，构建实践学习共同体。以往的师范生在进入小学后，基本就是跟着各自的指导教师进行实习，互相交流比较少，也没有共同学习的机会与场所，从而导致在实习阶段就已经出现了学段壁垒、学科壁垒。承担实习任务的小学可以在放学后为师范生提供教室，安排资深的名师进行研讨、咨询。学生分享每天的学习经验、启示，提出自己的困惑并分析讨论。由于师范生在实习中来自不同学科和学段，大家各抒己见，再由名师分析、指导、解答，有利于师范生对小学的学情有多方面的了解，在未来的工作中面对这些情况时，能够做到游刃有余。

四、卓越小学教师培养的当然主体——教师自身

（一）培养崇高的育人理念

人最大的发展动力来源于内心的坚守与热爱。教育事业虽是光辉职业，但劳心劳身，并且报酬不高。如果没有对教育事业充满崇高理想，面对日复一日的重复劳动、家长的误解、学生的不听话等情况，教师很容易出现倦怠，有麻木之感。近年来，教师体罚学生的现象依然存在，追根究底是教师理想信念的丧失，教学热情的消退，教育底线的失守。所以，在职前阶段，师范生就应当正确认识教师职业的神圣性与劳累性，这二者是矛盾而又统一的。既然选择这份职业，选择了教书育人的重任，也就应做好有可能被家长埋怨，被社会

[①] 阿尔伯特·班杜拉（Albert Bandura，1925—2021），美国当代著名心理学家，新行为主义的主要代表人物之一，社会学习理论的创始人，曾任斯坦福大学心理学系教授。

所误解的心理准备。师范生要将心态从职业化过渡到志业化，再从志业化转变到乐业化。在高校学习阶段，师范生要端正自身的思想观念，坚定自身的教育信仰，做好担负国家与社会所交托的教育责任的准备。在学习书本知识的过程中，在见习实习的过程中树立起崇高的育人理想，扬起追求卓越的风帆，以此来支撑自己在今后的工作中不论碰到怎样的困难险阻，都能够不忘从教初心。

（二）贯彻终身学习的理念

"学如逆水行舟，不进则退。"教师的专业能力发展也是如此。古话说："一招鲜，吃遍天。"对于从前的手艺人而言，一门手艺，足以养家糊口。然而，小学教师这一职业与传统手艺人是有着显著差别的。手艺人创造的东西是物质的、没有生命的、不变化的。而教师面对的是什么？是一个个生命力蓬勃发展的鲜活的生命，他们每一天都在成长，变化。试问面对每天都在茁壮成长的学生，教师怎能因循守旧？怎能不将终身学习的理念贯彻于自己整个的教学生涯当中？

由于经济政治的发展、时代的演变、科技的进步、学生需要的变化，小学教师在无论是教学理念、教学方法、教学内容还是教学媒体的使用方面都必须做到与时俱进，并以此来保障教育的先进性、有效性，因此对小学教师的终身学习能力提出了很高的要求。师范生毕业后，在走上教师岗位那一刻，不是教师教育的终点，而仅仅是起点。回首过去是在高校时对教育理论知识的学习、教学技能的训练、学科知识的汲取；展望未来是小学教师在教育教学实践中不断学习、不断反思、不断进步的"诗和远方"。

（三）树立综合学科观

"师者，所以传道授业解惑也。"自古以来，教师职业的显著属性就体现在传授知识、启发学生思考上。这是教师的本职任务，也是学生最大的需求所在。作为新时代的卓越小学教师，我们的知识储备必然不应当限于自身任教学科的一地一隅，而应当树立大学科观，或者说综合学科观。以语文为例，一个卓越的小学语文教师，他的课堂往往不是靠语言文字的功底而出彩，更多地是通过语文学科与其他学科的互相融合与渗透而显得生动、活泼。笔者在见习与实习期间跟随过两位十分优秀的小学语文教师。一位在讲到古诗"窗含西岭千秋雪，门泊东吴万里船"这一句诗的时候，引导学生思考西岭具体是在哪个地方，当学生纷纷不解时，他介绍了西岭所在的地理位置是四川成都的岷山，又拓展性地介绍了大熊猫就生活在四川卧龙保护区。笔者在小学时期学习这一课的时候，老师只是一带而过说了西岭就是西边的山，而这位老师却能够在语文教学中渗透了地理知识与自然知识，这样的课堂是多么的有趣。另一位语文教师是每天都布置学生阅读《上下五千年》，将之作为一项学习任务来施行，从未间断，并且在每天语文课堂的前三分钟，让学生上台讲述读书的感想或者生活中的见闻。对学生的所见所感，这位教师总是在鼓励学生的基础上加以针对性的点评，可见这位教师在平时的工作生活中对各个方面的文化知识都有所积累。学生跟随这样的语文教师学习，怎么可能不见多识广，视野开阔呢？一位卓越的小学教师，在科学、历史、地理、政治、风土人情等方面都应当有所涉猎，树立综合的学科观念。这就要求师范生在大学时期要博览群书，拓宽眼界，增加自身的知识储备，这样才能使自己在今后的教学中为学生呈现更加生动有趣的课堂，教授更加丰富多彩的知识。

（四）打下教学能力基础

教学是一门艺术，一位教师的课堂教学效果如何，是评判其教学能力的重要参考标准。要想成为一名卓越的小学教师，师范生必须要在大学期间打下扎实的教学技能基础。

首先，在教师基本功上，师范生要贯彻始终，保持对传统的"三字一话"的训练，并且以高标准来严格要求自己。

其次，师范生要充分运用学校的教学资源，到微格教室进行常态化的说课和演课训练，同学之间互相点评，讨论，提出建议，在改进的基础上再次进行演示，不断磨练自己的教学技能，提高自己的教学水平。

最后，要抓住见习和实习的机会，这是师范生接触真实教学情境的最好机会。师范生要认真观摩实习学校指导教师的教学过程，学习教学技巧，总结知识经验，并且要努力争取真正授课的机会，在教学实战中发现自身的不足，找出问题所在，通过反思来改进提升自己的教学能力。

第七章 卓越小学教师培养的对策与建议

第一节 重构卓越小学教师的培养目标

根据教师专业发展理论，卓越小学教师是一个动态发展的概念，是一个追求的理想与目标，卓越小学教师形成过程中的每一个阶段的基本任务和发展目标都各不相同，职前培养阶段是师范生成长为卓越教师的源头和基点，是准备阶段。卓越小学教师核心素养的培养要依据卓越小学教师核心素养体系，重构教师专业发展视域下的卓越小学教师培养目标。诚然，卓越小学教师培养目标各校殊异、各不相同；但是，各校卓越小学教师培养目标的顶层设计思想应该紧紧围绕卓越小学教师核心素养来进行，要从教师专业发展理论的视角和高度来思考职前培养目标的设计问题。长期以来，传统的师范生培养一直在"师范性"和"学术性"之间摇摆不定，这种争论不定的思想也反映到卓越小学教师的职前培养过程中。因此，在教师专业发展视域下，研究者应该围绕如下几个方面的内容来思考和确定基于核心素养的卓越小学教师职前培养目标问题。

一、注重师范生品格的培养

在卓越小学教师的培养过程中，首先是对师范生品格素养的培育。作为未来的人民教师，师范生必须要具有高尚的教师职业品格、坚定的教育信念，必须具备浓厚的教育情怀和健康的教师积极心理。

小学教师面对的主要是 6～12 岁的儿童，而且小学阶段是儿童长身体、长知识、增长智慧的时期，也是其道德品质与世界观逐步形成的时期。对这一阶段的学生来说，教师的作用非常重要。这一阶段的教师，重要的不是知识的传授，甚至不是对学生能力的培养，而是要引导学生增强对学校教育的感情和兴趣，引导学生形成健康、科学的学习习惯和生活习惯，引导学生很好地适应班级生活并在集体活动中增强责任感与合作能力。对小学教师来说，工作内容非常庞杂，却非常有意义，非常有价值。小学教师应该在工作中感受到自己的人生价值，看到学生的进步应该感到骄傲，因为这是小学教师的工作成果，是其人生的价值所在。可以说，没有爱，就没有教育。师范生热爱教育事业，应该是一个主动的过程。所以，师范生从入学的第一天就应该思考教师岗位的趣味在什么地方，神圣在什么地方，并在学习、实习等专业的培养过程中逐步养成教师品格。

在教师专业发展的视野下，教师职前培养应调整过去知识本位、能力本位的导向，要注重具核心素养的教育思想与教育理念在教师职前培养过程中的全面渗入和导向，要加强对师范生的思想引领，培养其品格素养。只有把教师的职业品格与教师的教育情怀、教育信念相结合，才能真正实现教师职业的崇高与尊严。

二、注重师范生能力的养成

教师能力会影响教育教学活动的质量和完成情况，卓越教师能力素养的发展和提高有助于提高教育教学活动的效率，有助于学生的能力培养，也有助于教师自身的专业发展。因此，注重对师范生的专业技能和教育教学能力的培养就成为卓越小学教师培养阶段的非常重要的任务。长期以来，我国在教师教育改革中一直未能很好地解决师范生能力的培养问题。直到目前，师范生能力的培养和训练仍局限于浅表的教育教学基本功技能训练，未能将能力培养课程化、系统化。尤其是随着时代的发展，学生核心素养的改革引领着教师教育价值观的改进和教师的专业发展，也对教师的核心素养提出了新的要求。因此，高校应依据卓越小学教师核心素养体系，注重师范生教育教学能力、自主发展能力、沟通合作能力的生成。

总之，培养目标是人才培养的基本规定，是卓越小学教师培养的重要参照标准。培养目标是培养模式中的重要内容，是设计人才培养模式首先要解决的问题。培养目标是教育目的在各级各类学校教育机构的具体化，是各级各类学校对受教育者身心发展的具体标准和要求，是对一定教育阶段的学生预期的学习结果的基本定位。培养目标是开展教育活动的起点和落脚点，从课程设置到教学内容、方式的选择，一切教育活动都要围绕培养目标来开展，一切教育活动都是为了实现培养目标。合理的培养目标能够使师范生了解自身与卓越教师之间的差距，使师范生明白自己应该知道什么和能够做什么，并据此不断提升自身的专业知识与能力。目前，高校虽然结合自身实际制订了卓越教师的人才培养方案，设置了相应的培养目标，但大多是文字性的笼统描述，并没有形成成熟的体系，缺乏可操作性、针对性和区分度，这对卓越教师计划的施行毫无助力。因此，基于核心素养的卓越小学教师培养应在教师专业发展视域下，更加注重对师范生培养目标的研究和确定，应以卓越小学教师核心素养为导向进行培养，设置合理的培养目标。

第二节　开发基于卓越小学教师的课程体系

教师教育课程改革在教师发展过程中至关重要。课程的选择与实施是全面提高教师整体素质的关键所在，没有课程的基础性作用，教师教育就成了空谈。因此，从某种程度上讲，科学完善的师范生课程体系是小学教师可持续发展的保证。

一、健全课程体系

教师职业品格、教育信念、教育情怀、积极心理的培养是漫长的，需要从职前教育开始逐渐养成。这要求高校在整体上系统规划，注重课程的衔接与联系，制订相对全面、科学合理的课程设置方案，使学生能够根据自身兴趣、特长等制订个人的课程学习方案。

高校应积极倡导和践行实践取向、终身学习等课程理念和价值取向，逐步完善小学教师教育课程体系，从课堂教学到课外练习，全面培养师范生的品格素养。比如，可以将师德教育设置成一门独立的课程，将师德理论教育融入真实的教育教学案例中，理论联系实际，切实推进师德教育；可以在具体的学科教学中结合本学科的实际情况加入特定的教育，将小学教师职前教育的情感、态度、价值观与特定的课程体系相联系；还可以通过开设教育哲学、思想政治教育等课程，将情感教育贯穿于课程体系始终，提升师范生在情感、态度、价值观等方面的水平。例如，教育哲学等课程可以引导师范生对教师职业的深度思考，增强其职业认同感，激发师范生通过小学教师这一职业实现自己人生价值的热情。此外，高校还应该重视教育实习对教师品格素养的建立和发展的重要作用，使师范生在创造性的教育实践活动中实现情感的丰富和深化，获得职业认同感和幸福感，形成积极的教师心理。

二、优化课程设置

（一）优化教育学科课程

高校要充分认识到教育学科课程对师范生教育教学能力培养的基础性作用，这一类课程可以为他们今后的专业发展奠定坚实的基础。通过以教育学、心理学、教学论等为主的教育学科课程，辅以恰当的实习实践，能有效提高师范生教育教学能力，为师范生走向卓越奠定基础。

（二）创设研究类课程

自主发展能力可以通过研究类课程进行培养。研究类课程可以从校本研修、课程与教学研修、课题项目等三大类进行设置，不同类型课程均可以专题化形式开展。校本研修类课程可从校本课程的研发依据、课程目标、课程特色、课程实施、课程评价等专题进行探究。课程与教学研修类课程可设置某一学科的课程与教材分析、某一名师研究、课程资源开发等专题。课题项目类课程可从课题申报、开题报告、教育研究方法、学术论文写作等专题进行研修。

在研究类课程实施过程中，师范生自主发展能力的拓展离不开教师的指导，"双导师制"可促进其自主发展能力的提升。为师范生设置校内、校外两位导师，明确导师职责：校内导师提升师范生的理论基础，培养其问题意识、学术论文写作能力、课题研究能力等，进而可以培养其学习与反思能力；校外导师培养师范生不同学段教学的实践能力，指导其将理论联系实际，可以培养其研究意识，使其形成批判性思维，综合提升研究与创新能力、运用知识及解决问题能力。

（三）设置综合实践类课程

卓越小学教师不仅需要与小学生进行有效沟通，还需要具有开放的心态，积极地与课程专家、学生家长及其他教师进行沟通、交流和合作，从而实现自我发展和专业发展。高校可以开设综合实践类课程，将学科进行整合。在凸显课程特色的同时，拓展教育实践，可以在综合实践中提升师范生的沟通与合作能力。

第三节 实施基于卓越小学教师的教学改革

一、完善教学内容

小学教师的培养是一个指向性非常明确的培养过程。在课程体系基本确定后，教学内容的选择就显得非常重要。培养准小学教师的师范生不同于其他学科专业的学生培养，其教学内容选择和小学教育专业的独特性也息息相关。

（一）重构卓越小学教师的教学内容

小学教师是独特性很强的职业，小学教育专业多学科杂糅，因此，其教学内容应该是在卓越小学教师体系下的高度整合。在培养卓越小学教师的大前提下，高校要思考各个学科知识体系的整合问题，各个学科的教学内容应该形成一个全新的教学内容体系。

（二）贴近小学教育现实

师范生的培养目标针对性很强，决定了其教学内容也必须要适应这一特点。可以说，小学教育专业的教学内容应不同于其他专业的学科性特点，应该更加贴近小学教育的现实需要。例如，小学教师，对其品格有更高的要求，对解决复杂问题的能力和运用知识的能力的诉求更高，更加强调知识的综合性，而对知识的深刻性和高端性并不苛求。所以，培养小学教师的教学内容应该尽可能地适应其培养目标，增加综合性的、更贴近小学教育现实的教学内容。目前，这一方面还有很多不足。例如，语文学科的课程教学中过于追求内容的精深，教授学术性很强的知识内容，而对知识的关联性拓展普遍重视不够，对语文涉及的一些背景材料关注不够；数学等其他学科也都普遍存在这一问题。

二、创新教学方式

目前，部分高校仍采用传统的抽象教学方式，这种单一的教学方式降低了教学的效率，严重制约了师范生的培养，使师范生难以应对社会对教师日益提高的要求，因此，高校应依据建构主义学习理论，创新教学方式，激发师范生学习热情。

（一）问题情境的案例教学

依照建构主义学习理论，教师要创设真实问题情境，在相应案例情境中提高师范生学习热情，体现出其主体地位，满足其表现欲和求知欲，促使其主动学习，推动其解决问题，通过对问题解决的实践来培育其教学能力。在问题情境的教学中，高校应充分发挥实习基地作用，聘任一线卓越小学教师作为指导教师，利用一线卓越小学教师丰富的教育实践资源和经验，对师范生进行切实有效的指导。

（二）自主合作探究的项目教学

根据建构主义学习理论，学习的本质是持续的自主构建与修养提升。高校教师可以通过自主合作探究的教学，强调快乐学习，培养师范生的沟通、交流与合作能力，使师范生抱有学习的热情和兴趣，使其成为知识探究者、知识的建构者，为其职后的专业发展奠定基础。

过去，高校过多地关注学科课程，对教学方式改革的重视不够，根据现代教育理论的发展来看，品格培养以至于能力的形成，必须要经过实践才能内化、强化和固化，所以，高校应在卓越小学教师培养体系的指导下，大力关注案例教学、自主合作等教学方式。

三、强化实践教学

小学教师培养一定要突出实践教学，要让师范生在早期接触教育实践与教育研究，并以教育实践与教育研究为主线贯穿师范生职前教育的始终。只有将师范生置于真实和复杂的小学情境与课堂情境中，才能使其逐渐获得应对各种难以预料的复杂问题的素养。因此，高校应不断加强和改进实践教学，全面提高实践教学的成效，有效培养师范生的教学能力。

（一）理论和实践教学相结合

传统的师范教育把理论教学和实践教学区分开，这对师范生的能力培养是不利的。卓越小学教师培养应根据教师专业发展理论，实行理论和实践教学的持续动态结合。为此，在师范生培养过程中，高校要把教育见习、学科见习、顶岗实习、毕业实习等实践教学活动有机组合起来，尽可能多地融理论教学与实践教学活动为一体。同时，按照国家规定，毕业实习的时间应该确保在一学期以上，以切实提高师范生的实践能力。

（二）全面的实践教学内容、丰富的实践教学形式

①实践教学内容方面。目前，高校师范生培养在实践课程内容上主要表现为偏重教学技能训练，忽视教师品格素养的培育。当下，很多学校的实践教学主要是感受性、模仿性实践，忽视了教育实践是教师反思行为养成的首要环节，也是其能力生成和发展的必要途径。

②实践教学形式方面。目前，很多高校的教育实践在形式上只是课堂教学和班主任工作，教育科研、家访、教育调查、教育行政和教育政策等不同程度上被忽视了。

事实上，高校应以卓越小学教师为引领，实现全面的实践教学内容、多样的实践教学形式。需要注意的是，根据教师专业发展理论，师范生的能力培养是基于知识掌握和技能训练的一种综合性素质养成过程，切不可狭隘地理解为单纯的教师职业技能训练，应该坚持多样化的实践提升方式，注重实践反思的作用，在实践教学中融入实践认知元素，努力在高水平的实践认知指导下完成实践锻炼的目的。

教育实践能否发挥教育功效，并不在于其经验时间的长短，而在于在实践中获得的是怎样的经验及怎样运用这些经验。可以说，实践经验对师范生的成长只是必要条件，而不是充分条件，但仍不能使实践教学流于形式。

四、健全教学评价

目前，高校对师范生的评价方式主要依赖于平时测试或期末考试的卷面成绩，依据课堂表现、学习态度等对师范生进行综合考核的高校相对来说是少数。评价方式过于单一，增加了师范生的心理压力，不利于师范生的专业发展。因此，在教学中，教师应实施自评、互评等多种多样的评价方式，评价内容要综合考虑体系的具体指标，兼顾师范生的具体情况。尤其是在当今的信息化时代，可通过系统的数据，了解培养的每一阶段、每一过程、每一培养目标实现的情况，掌握每一位师范生的学习情况及需要提升与完善的方面等，健全培养的动态评价体系，进行合理的评价，让高校小学教育体系建设更加合理化、科学化、系统化。

第八章　西方发达国家卓越小学教师的培养模式及启示

第一节　美国卓越小学教师培养模式

NBPTS一直致力于制定卓越教师的标准。NBPTS在制定具体标准之前，首先确定了五项原则：第一，卓越小学教师在关注学生学习的基础上也要致力于学生的个性发展；第二，卓越小学教师不仅需要有丰富的专业知识，还要拥有高超的教学技能；第三，卓越小学教师要具有很强的组织能力及管理能力；第四，卓越小学教师必须具有反思意识和改进能力；第五，卓越小学教师需要有很好的合作意识。

为了使教师符合卓越小学教师的标准，美国在教师教育培养模式上形成了多元化的培养结构层次，主要有综合性大学模式、文理学院模式、专业发展学校模式、选择性教师教育模式。

一、综合性大学培养模式

美国的综合性大学在教师教育上一般采用"4+1"的五年制模式。该模式在大学前四年对学生进行必要的文理基础知识的教育，帮助学生在任教学科上打牢基础。学生到第五年的时候集中学习教育理论课程并进行教育实践。"4+1"模式的有效整合均衡了师范性课程与学术性课程，既帮学生夯实了学科知识的基础，也没有放松对教育知识的学习及教育实习的锻炼。比如，斯坦福大学的教师教育项目 STEP（Stanford Teacher Education Program），该项目主要针对培养中小学教师。该项目为学生提供加利福尼亚预备单科/多科教学文凭，该项目实行小班化教学，每年只收 70 位学生。学生必须具有本科学位才能申请该项目，并且本科绩点不能低于 B+ 等级。

学生在申请成功后，需要在教育学院进行为期一年的专业学习。学习内容包括课程与教学论、教学法与教育实践、教育学与心理学、文学与文化四个方面。在教育实习的时长上，斯坦福要求学生每周不得低于 20 小时在小学中进行教育教学实践，与斯坦福大学合作的小学为师范生安排优秀的指导教师，师范生需要与指导教师一起备课，并且接受至少三次的课堂点评及一次年终评估。学生在毕业授予学位之前，需要通过加利福尼亚教师学科考试和阅读教学能力评估，提交在自己教学实践过程的教学设计方案、备课笔记、班主任工作日志、学生民意测评单、指导教师评语、个人实践反思等一系列材料，并且接受由高校教授和教师组成的专家委员会的检查，由大学负责者和实践指导教师推荐授予学位。

二、文理学院培养模式

文理学院的教师教育在美国具有非常悠久的历史与传统，至今仍然是美国教师教育中使用最广泛的一种。文理学院培养的教师一般是本科层次，学制为四年，学生在毕业的时候获得小学教师资格证书。美国的小学教师资格证书主要有两种，国家颁发的和各州颁发的。由于美国各州在教育上具有较大的自主权，因此各州的小学教师资格标准并不完全相同。但因为美国遵循具有悠久历史的"博雅教育"，致力于人的知识的全面发展，所以教师教育在课程内容上都比较重视文理学科的学习，至少有 18 个州在对师范生的文理知识的学习上有着明确的规定与要求，大多数将文理学科成绩的合格作为获得小学教师资格证书的前提。

文理学院的课程主要包括三部分：一是通识课程，主要包括必修的文理课程，比如人文社科知识、自然科学知识等课程；二是教育专业课程，主要包括教育基础理论课程、教育方法与技能课程和教育实践活动；三是学科专业课程，主要是学生未来任教的学科方面的知识。以威斯康星大学[①]麦迪逊分校的

[①] 与加利福尼亚大学、得克萨斯大学等美国著名公立大学系统一样，威斯康星大学是一个由多所州立大学构成的大学系统，即威斯康星大学系统（University of Wisconsin System），同时威斯康星大学又常指坐落于威斯康星州首府麦迪逊市的威斯康星大学麦迪逊分校。

课程为例，该校的通识教育课程就占到总学分的三分之一，内容主要包括三个方面：一是自主反思、发展能力的学习；二是社交能力、逻辑分析能力的学习；三是人文社科、自然科学知识的学习。

三、专业发展学校培养模式

教师专业发展学校（Professional Development School，PDS）的领导层由美国几所研究型大学的教育学院院长和研究机构负责人组成。教师专业发展学校的主要功能是帮助师范生及早适应教学环境和职业生活。教师专业发展学校的职能并不仅仅是为师范生实习提供场所，也为在职教师提供了教育理论的实践环境。为中小学拓展自身功能，它是大学与中小学的协同合作的产物。

美国专业发展学校模式的培养目标为：促进大学和中小学教师的专业发展，促进教育理论与实践相结合，促进师范生教育教学能力的获得，最终达到提高教育的整体质量的目标。

专业发展学校模式的课程内容由大学和中小学合作制定，具有一定的灵活性和学校特色。以得克萨斯州的三一大学（Trinity University）与公立中小学共同建立的中等专业发展学校为例，这所学校的师范生需要学习有关青少年的心理认知知识、教育管理知识、教学与课程论知识，在实习过程中需要参加教研小组活动、备课小组活动，承担班级教学任务，并按时参加州一级的中等教育研讨会。这种教师培养模式特别突出了对学生实践能力与教学反思能力的培养。

四、选择性教师教育培养模式

选择性教师教育培养模式的出现是由于20世纪中后期美国出现了师资不足的问题，美国希望通过此模式来改善教师缺乏的问题。这一模式主要针对非教育专业的具有学士学位的学生，由州政府或当地的教育机构及各学区来负责该项目的实施，提供教师教育课程的教授及教学实践的指导，传授他们教学技能和教学知识，帮助他们获得教师资格。相对而言，该模式尤为强调教师的职前教学实践能力培养，对教育理论知识的学习比重有所降低。这一模式扩大了小学教师的来源范围，开辟了教师入职的新途径，并且在一定程度上缓解了教师的短缺情况。

美国各州对招募人员都有一定的要求：基本上所有的选择性教师教育计划

都要求申请者最低有学士学位，部分还要求申请者具有学科背景、工作经验或专业技能；有一半以上的选择性教师教育计划对申请人本科课程的成绩有要求，如限定数学、科学、文学等课程的最低分数；有三分之一的计划对本科绩点有最低要求。由于美国各州的高度自主，各州选择性教师教育在培训内容上基本都不相同，但在教育学、心理学、文学、科学、儿童发展、班级管理方面的课程设置上具有高度共性。申请者一般需要参加为期几个月至一年不等的三类培训：暑期课程学习、大学课程学习、研讨会。以阿肯色州为例，该州的申请人需要先在大学学习两门专业课程，再参加教育实践，在正式工作后还要在两年中继续参加研讨会和暑期课程学习。

第二节　英国卓越小学教师培养模式

英国在2002年颁布了《英国合格教师资格标准与教师职前培训要求》。2007年，英国又颁布了此文件的修订版。标准将教师标准分为合格教师标准、核心教师标准、骨干教师标准、优秀教师标准、高级技能教师标准。英国的教师专业标准主要分为三个维度：专业理念和实践、专业知识和理解力及教学技能。

2012年英国颁布了《教师标准》和《杰出教师标准》，《教师标准》相当于是对教师能力和素质的最基本的要求，而《杰出教师标准》对应的是高级技能教师，或者可以说是卓越教师的标准。该标准对教师的知识水平、课堂表现、教学成果、环境和理念、专业背景这五个方面都做了细致、明确的要求。

英国对教师专业标准划分极为细致，以《杰出教师标准》中的教师课堂表现这一方面为例：①能够激发学生获取知识和使用知识的热情；②课堂上受到学生的尊敬，承担自身角色的责任，对学生的批评和谈话自然且有效；③教学需要具有启发性和创造性，能够因材施教，了解学生心理；④能够对学生的学习提出恰到好处的能力要求；⑤课堂教学中设置有探索意义和思考价值的讨论题；⑥设置有效的家庭作业并且安排有意义的独立研究活动，扩大学生的知识范围，提高学生的理解力和行动力；⑦持之以恒地提供高质量、高标准、有建设性意义的评价和反馈；⑧能够及时发现和纠正学生课堂学习中的错误，并做出针对性的举措。

129

为了达成卓越小学教师的培养目标，英国主要采取以下两种模式来培养卓越小学教师。

一、英国卓越小学教师BED培养模式

BED（Bachelor of Education）的培养对象主要是小学教师，学制普遍是"3+0"或"4+0"模式。学生经过三年或四年的学习后，获得教育学学士学位和教师资格证书。在课程设置上，BED培养模式采用了抓住重点、全面发展的设置特点，既突出了学生教育学专业基础知识和学科专业知识的学习，又十分重视学生在"伙伴合作学校"的实践锻炼。英国的本科层次的教师职前教育课程一般采用的是模块化的课程模式，将课程分为教育理论、教学技能、主要课程、学校教育实践四大模块。

英国BED模式在教育理论的课程安排上，内容较为广泛，尤其是针对"教育热点问题与现象的研究"这一模块化课程，能够灵活地设置课程内容，以时事与舆论热点来作为课程内容的导向标，使课程更加具有现实意义。英国对教师实习阶段十分重视，通常学生需要在两所学校分别实习，三年制的学生一般实习时间不得低于16周，四年制的学生不得低于20周。同时，我们可以发现，BED模式对学生的教育见习与实习十分重视，从一到四年级大约有100～135天，学生需要进行教育实习。

以牛津布鲁克斯大学威斯敏斯特教育学院的BED课程为例，其主要课程包括数学、科学、英语等主干课程，也包括教育理论等师范性课程，在教学实践中安排连续实习与组块实习两种形式，连续实习按照每月四天的实习时长进行实习，组块实习是连续4～5周都在小学进行实习。

威尔士大学班戈教育学院十分重视学生数学知识的学习，对学生的英语、科学等国家课程也加以重视，同时为学生开设了选修课程，让学生根据自己的兴趣进行学习。

二、英国卓越小学教师PGCE培养模式

PGCE[①]的培养对象主要是中小学教师，学制为一年，极个别学校为两到三年，指的是其他学科专业本科生在获得学士学位后，接受为期一年的PGCE

---

① PGCE：这是一种研究生教育证书模式（Postgraduate Certificate in Educa-tion，简称PGCE），是先进行学科专业学习然后进行教师教育专业训练的模式。

教育，可以获得研究生教育证书。但该证书与我国的研究生学位证书所代表的意义不同，该证书不能作为持有者在学术层面达到研究生水平的证明，只能证明他们在本科毕业后接受过教师教育方面的专业培训。根据学生年龄的不同，PGCE 分为早期（3～8岁）、初等（9～11岁）、中等（12～18岁）、义务教育后（18岁之后）四种类型。在课程设置上，PGCE 注重系统训练和教学实践，主要安排了教育理论、教学技能、学科专业知识及教育实践四个模块课程。PGCE 在教育实践安排上，实践时间不得少于 19 周。

PGCE 课程教育非常重视师范生的实践环节，不仅为学生安排两所实习的小学，也将大部分的课时安排在小学的实践教学上。

第三节　加拿大卓越小学教师培养模式

加拿大没有国家教育部，而是由全国的 10 个省和 3 个地区的地方教育部门自主管理地方教育。以加拿大阿尔伯塔省为例，2013 年该省成立了优质教学工作小组，通过网络信息搜集、召开会议、进行采访等七种方式广泛征集包括教师和学校领导在内的 4 000 名左右阿尔伯塔人的意见，调查结果显示，大部分人一致认为优秀的师资是实现教学质量提高的关键要素，同时需要高效有序地整合各方力量来为实现优质教学而服务。

卓越小学教师需具备的五种关键能力：①有效管理学生的学习；②使学生的学习活动具有价值；③关注学生的学习状态，以此来改进自身的教学；④促进支持性的学习体系；⑤懂得合作，提高自身的学习效率和学生学习成绩。

小学教师职业实践标准包括四个方面：一是终身学习的理念及领导力的发展；二是致力于学生和学生的学习；三是教学实践的积累；四是专业知识的学习。教师职业道德的标准包括四个原则：关爱原则、尊重原则、信任原则和正直原则。

目前，加拿大已经基本没有独立的师范院校，小学教师的培养任务主要由大学中的教育学院来负责。为了培养卓越教师，加拿大主要采取以下两种模式。

一、加拿大卓越小学教师培养的并行制

并行制即学生在大学里同时学习学科知识和教育理论知识，学制一般为四至五年。四年制主要针对任教八年级及以下的教师，学科课程与教育课程的比例大约为1∶3，尤为重视教育理论和教育技能。比如，曼尼托巴省大学的教育学院就是采用的这种模式，其优点在于将教育理论课程与学科专业课程有机整合，突出师范生教学能力的上升。五年制主要针对的是九年级及以上的教师，学科课程与教育课程比例大约为4∶1，该模式更加重视学生的学科素养。并行制模式下的学生，学业成绩合格者可以获得学科学士学位、教育学士学位及教师资格证书。在课程设置上主要有学科专业课程、通识课程、教育理论课程这三大模块。学科课程主要包括基础学科知识，如对数学、英语、科学知识的学习。通识知识是对人文社科知识和自然科学知识的学习。教育理论课程以前主要是基础教育理论课程，如课程与教学论、教育技能、教育研究。随着时代的发展，现今又涌现出教育信息技术、国际文化、全纳教育等教育理论课程。下面以安大略省教育研究院中等教师教育专业主题课程为例，予以说明。

安大略省的研究性学习板块很有特色，是典型的模块化形式，学生小组可以确定相关主题进行研究，而且可供选择的主题很丰富，使课程内容更加灵活，形式也更加多样。面对多样化的主题课程，学生可以采取案例解剖、社区走访、情境演练等形式进行学习。同时，在实习场所的安排上也独具一格，没有将实习场所局限于学校，而是让学生到更多的文化场所进行教育实习，拓展教育的视野与疆界，丰富学生的实习经历。

二、加拿大卓越小学教师培养的连续制

连续制指的是学生在学习某一学科知识的专业，获得学士学位后，再进行一至两年的教育理论知识的学习，学制一般为五年。比如，多伦多大学和阿尔伯塔大学就是采用连续制培养模式。但由于连续制的学生教育理论课程学习和教育实践时间都要少于并行制，所以学生往往会在教育理论和教学技能上出现不足。因此，近年来加拿大的连续制开始由"4+1"改为"3+2"乃至"4+2"的模式。其优点在于先通过专门的学科专业知识的学习，学生获得了某一专业较深的学科知识，打下了坚实的学科基础，再通过教育理论知识的学习和教育实践的锻炼，为职前教师提供教育背景和经验。

连续制模式的生源主要是本科及本科以上的学历获得者,并且符合一定的学科背景和学业成绩要求。该模式课程设置内容不多,但是范围广泛,由于学生已经具有一定的学科基础,因此实践性课程比例较高。主要实践课程有专业学习研讨会、实习课程教授、专业学习营、现场实践课程等内容,类似于美国的专业发展学校模式。这种模式拓宽了学生的就业范围,为学生提供了更多的选择。

第四节 澳大利亚卓越小学教师培养模式

2010年,澳大利亚联邦教育部制定了《国家教师专业标准》,并于2011年正式实施。澳大利亚的《国家教师专业标准》将教师分为四个层次,即新手教师、熟手教师、高成就教师、主导教师,描述了三个维度、七个方面的教师应有素质,主要有专业知识、专业实践、专业发展三个维度及了解学生、精通知识、有效教学、营造学习环境、正确评价并反馈学生学习、职业学习、社区合作七个方面。

与前面的发达国家一样,澳大利亚也是联邦制的分权国家,各州在教育上自主管理,承担培养小学教师任务的师范院校在20世纪70年代全部升格为高等教育学院,承担更多的教育职能。澳大利亚的小学教师培养模式一般是四年制本科培养形式。

在小学教师的培养上,澳大利亚在20世纪70年代一直采用的是一年制或两年制的师范学院培养模式,该模式由于学制短暂,在一定程度上为小学输送了大量师资。直到高等教育学院出现后,才逐渐演变成三年制的教学证书培养形式和四年制的教育学士学位培养形式。到了21世纪的今天,因为小学教育的基础性的凸显,澳大利亚对高学历师资的需求愈加旺盛,四年制的教育学士学位培养形式已然成为了小学教师培养的主流。四年制的课程主要包括以下内容:

①教育专业理论课程:教育心理学、课程与教学论、教材解读、教育理论。②教育实践课程:试讲展示、观摩示范、教育见习、教育实习、教育研习。③学科知识课程:数学、英语、科学。④选修课程:乡土文化、澳大利亚青年文化、自然风土人情、教育问题研究等。

四年制教育学士学位培养模式的学生，第一学年在大学各学院学习学科知识、通识课程，第二学年开始学习教育专业课程，第三、第四学年一边在教育学院学习，一边在小学实习，四年见习与实习总时长一般为两到三个月。学生在毕业后获得教育学学士学位。

学生在教育实习中需要到城市小学和农村小学各一次，由两位实习生共同参与一个小学班级的教学与管理，每人每周至少要上一节课。并且为了学生的实习层次的多样化，丰富实习经验，实习班级需要由低年级到高年级逐级递增，在实习结束后由指导教师对实习生进行打分评价，并作为参评奖学金的依据。

在课程安排上，攻读四年制本科学士学位的学生需要学习教学理论、学科知识、教育学及其他选修内容，并且参加教育实习。

第五节 西方发达国家卓越小学教师的培养模式对我国的启示

一、制定专业标准，明确能力取向

纵观发达国家，各国都制定了相应的教师专业标准来明确教师的能力取向，而我国目前还没有出台相应的标准来指导卓越小学教师的培养工作。为了明确卓越小学教师应具有的能力与素质，必须完善卓越小学教师的标准。无论是《小学教师专业标准》的出台，还是现如今教育界对卓越小学教师标准的百家争鸣，其目的都是提升教师的发展水平。因此，设置明确的卓越小学教师专业标准有利于教师职业的专业化及保证小学教师教育的培养质量。

然而，从我国目前的教师标准中可以发现，就算是最高等级的专家型教师标准，也存在着要求不够明确、能力描绘过于笼统、缺乏理论依据等问题。反观发达国家，以英国为例，其对杰出教师的课堂表现的具体内容就制定得比较具体。英国的教师专业标准对英国新时代的教师应具备的素质所提的要求都很具体细致，无论是抽象的理念、思想、价值观还是具体的教学实践，对教师这一特殊职业的各项能力要求都制定了严格的标准。

过去我国的教师标准制定主要源于两点现实需求：一是我国在教师专业发

展及教学实践中对教师能力的需要;二是我国对国外教师标准的经验汲取。这两种方式虽然在一定程度上满足了教师教育和教师专业发展的需要,但由于我国教育改革进程的不断推进,标准缺乏明确的理论指导及科学系统的全局构建的缺点也暴露了出来。到今天,随着基础教育日益发展,教育事业的不断前进及培养卓越小学教师的现实需要,对卓越小学教师标准的理论指导显得尤为迫切。

二、扩大教师准入范围

发达国家对教师岗位的申请者专业限制较小,鼓励不同社会背景、不同工作经历的人参加教师岗位的竞争与招聘。这一举措不仅有利于扩大教师准入的范围,吸引各行业的优秀人才投身教育事业,丰富师资队伍的专业背景,还能够合理配置教师队伍的师资结构,达到教师来源多样的目的。同时,这一举措能够满足不同学生个性发展和提高教育质量的需求。我国的教师准入制度主要建立在教师资格认证和专业相近或相符两项标准上。随着高等教育与师范教育的融合,小学教师的学历层次也得到了很大提升,形成了以本科教育为主的教育格局。虽然有部分教育部门在教师招聘时放宽了专业限制,为学校建立多元化、高质量的师资队伍注入了一定活力,但绝大多数地方教育部门在教师招聘时对应聘者的专业限制是十分严格的,教师队伍的主力军还是师范院校的师范专业学生,这就导致教师结构的固化与僵化,教师来源过于单一,缺乏与其他行业的联系、交流与竞争。随着人们对教育内容和形式多样化的需求提升,师资队伍的多元化已经是大势所趋。优化教师准入制度、吸引各方人才对培养卓越小学教师具有深刻的现实意义。

三、采用模块化的课程模式

发达国家的课程设置往往采用的是模块化课程,模块化课程具有灵活、开放、多元的特点。我们应当改变过去以教材为教学内容重点的形式,主要通过专题和项目的形式来呈现课程内容,这能及时反映国内外先进的学术成果,更新教育内容,采用多样的教学方法,更加着重学生的研讨与展示,进而培养具有先进理念、扎实学识、优秀实践能力的教育人才。

21世纪的世界趋势是国际化、全球化、信息化。随着学科的发展、课程内容的国际化演变、学生需求的改变及课程知识的新陈代谢,僵化、陈旧的课程设计模式已经无法适应师范生的学习需要。社会的进步、经济的发展必然导致师范教育的目标、类型和层次结构的革新。因此，我国教师教育课程建设必须与时俱进，放眼世界。卓越小学教师的培养要根据国际趋势、国家政策、社会需求、学生需求等方面的变化而革新，在课程模式和教育内容上做到及时更新。我国的教师教育课程可以在沿袭优秀的传统经验的基础上，改变僵化、固定的课程安排模式，灵活组合课程模块，设置专题教学、课程研修、微课演练、小组合作探究等课程实施模式。模块化的课程模式有利于在教学中灵活安排课程内容、传授新兴的知识、拓宽学生的国际视野，从而为科学有效地培养卓越小学教师服务。

四、加强教育实习过程建设

教育实习是师范生将理论实践化的关键过程，也是师范生完成由学生角色向教师角色转变的重要渠道。因此，针对师范生的教育实习，我们可以从以下两个方面进行改进。

第一，延长实习时间。发达国家对师范生的教育实习尤为重视，即使是一年制的本科后教育这一类模式，都安排了至少两到三个月的教育实习。而我国虽然一直强调师范生实习的重要性，教育部也曾印发过专门的文件规定师范生在中小学实习时长不得少于一学期。然而，我国大部分高校都将教育实习安排在大四上学期，但我国的国家公务员考试、研究生考试、教师公招考试恰恰也都集中在11月至次年2月，许多师范生在此期间往往把更多的精力投注在考公、考研、考编上了，一些学生向小学指导教师阐明原因后，经常请假参与复习与考试。此外，即使在小学实习的师范生，也是"身在曹营心在汉"，导致师范生实习效果大大降低。因此，建议高校根据学校的实际情况合理安排学生的实习时间与时长，如每学期适当增加见习与实习的时间，或者在学生大一、大二学业负担较轻的时候安排学生多去小学锻炼，让学生能够真正地在小学中扎下去、练出来。

第二，选择不同背景的学校，给予学生多样化的实习经历。发达国家通常都要求学生至少在学习生涯中到两所小学去进行教育实习，我国高校在师范生培养上往往想将学生安排至最优质的小学去实习，希望学生能够在先进的教学硬件、优秀的师资软件中获得成长。然而，这样可能并不利于学生对我国教育现状的认识。实际上，我国的教育资源分布并不均衡，优质学校所占的总体比例还是很低的。

第九章　卓越小学教师的全方位培养与提升

第一节　卓越小学教师专业理念的培养与提升

一、树立正确的职业观

将专业理念与师德发展具体化，树立正确的职业理解是前提。

（一）构建教育思想

建构教育思想并非难事，诸如孔子的因材施教，陶行知的知行合一，李吉林的情境教育，朱永新的新教育等。列举大师，究其行动，可知针对教育问题，能为找到普适的解决方法而努力就是拥有教育思想的人。

小学教师要构建教育思想可从以下几点做起。

（1）有较高规格的人生定位

小学教师的自我定位，即想成为一个什么样的小学教师。成名成家者多有较高的职业追求，那些没有远大理想的小学教师往往墨守成规，很难在教育实践中摩擦出思想的火花，于是在辛勤工作而无专业理念的提升后，产生职业倦怠，很难成为卓越小学教师。

进入小学教师职场，最初大家都相差无几，但由于自我定位及行动的差异，才产生高低之别。初为人师，自设一个"跳起来就够得到"的目标，才会有后期攀爬梯子的自觉自信，并能坚持到底，专业理念才会达到一个较高的层级。

（2）给予小学教师职业永远之爱

教育思想的起步，在于把教育当作事业而不是职业。现实中总有不少小学教师给予小学教师职业永远的忠贞，甘愿为教育而付出，这不仅能得到教育的回馈，也让自我的教育境界得到升华。

有人把现在的教师分为四类，第一种以谋生为目的，视教书为谋生的手段，一切为养家糊口；第二种以获得尊重为动力，他们往往知识渊博，乐意与他人分享自己的知识，以获得尊重，从中感到满足；第三种以教育为己任，以改造人的责任感教书，履行自己的社会责任；第四种以爱为根本，他们在重压下仍乐此不疲，努力工作却没有任何利益。上述第三种小学教师注重师德的发展，第四种小学教师是因"爱"而去努力地践行理想，在自己认定的教育探索之路上不断前行，最终形成自己的专业理念，终得其所。

（3）争做发光体而让思想闪耀

教育思想只有放出光芒，才会像太阳一样驱动世界；对教育事业产生推动作用，像发光体一样引导人们走出黑暗，其人生价值才会得到实现。

博学是让一位普通小学教师迈向更高层级的基础。教育实践会面临诸多问题，只有博学方能解决。博学，就是广闻多读，不限行业领域，勤于充实自我。由于不少小学教师怠于学习，原有知识老化，难以解决新问题，自然难有灵感火花的闪现。书籍是加油站，一位小学教师要想有所作为，只有通过读书才会让自我教育思想闪耀光芒；因此小学教师必须扎扎实实地多读些书，做一个学习型的小学教师，在不断学习的过程中才会有综合素质提升的可能。

（二）拥有主动精神

主动精神就是主动做事，是小学教师的第一精神。主动做事带有很强的目的性，人们拥有的一切成就，几乎全可归功于主动精神。

拥有主动精神，才能满足专业发展和师德发展的需求。主动精神更多地体现于专一，即在选定发展的目标之后，能长时间地做某一件事，进而求得尽善尽美。专业理念与师德不会凭空提升，只能通过主动做事来体现。一个人有了主动性，才会努力地朝着自己既定的目标前进。选定自我的目标，有专一的精神，定能发现并挖掘出自身的潜力，并无限放大。自己的能力提升了，综合素质提升了，师德修养也会更高。

眼界决定境界，定位决定地位，思路决定出路。虽然每年的教学周而复始,但这绝对不是消磨斗志的理由,更不是只要工作而不要发展的理由。小学教师主动更替过时性的知识,主动接触一些前瞻性的理论,才会做出特别的成绩,享有特别的回馈。

小学教师拥有主动精神可从以下几点做起。

(1) 能创造性地执行

创造性地执行就是不让自己陷入被动和琐碎,这对年轻小学教师尤有借鉴性。新教师初到任,多是领导布置做什么就做什么,领导让怎么做就怎么做,一切都按部就班,久而久之,就会缺乏主动能力与创造能力,形成职业倦怠。要想不如此,就要有主动精神,不仅要完成工作,更要主动地、更好地完成工作,完成更多的工作。

(2) 善于规划人生

光能创造性地执行还不够,作为小学教师,还要善于规划人生或设计职业生涯,为自己争取发展的机会;要自定目标,有了目标便会有动力,才会为之努力奋斗,继而取得成功。很多年轻小学教师,工作一段时间后彼此差距越来越大。这虽然有学校的原因,但更多是因为每个人的规划不同,有的是满足现状型,有的是主动进取型。

(3) 有自强不息的精神

自强不息是每个人都要有的精神品质。一个人有了自强不息的精神,才会创造出自己的人生辉煌,从而参与民族的振兴事业。只有具备自强不息的精神,才会有坚韧的毅力和顽强拼搏的斗志。

(4) 善于帮助自己

自己掌控自己的命运,这是一条永恒的真理。不要把希望寄托在别人身上,要相信只有自己会在任何时刻毫不犹豫地帮助自己。这就需要练就一身过硬的本领。这一过程就需要主动精神,在主动中寻求发展,在发展中追求完善,在完善中提升综合素质。

拥有主动精神的小学教师能在不断接触繁多的教育理论中主动地把这些理论融入实际教学,通过教学实践对这些教育理论进行实验,发现其优缺点,找到弊端或发现错误的思想,并能结合教学纠正,使其他同行也能信服。这是一个不断学习、思考、探讨的过程。这一过程有得失,有不解,有嘲讽,但有主动精神的小学教师不会放弃,会锲而不舍地去实践、去改革。一路实践着走过来的小学教师,会在不知不觉中形成教育思想,这一思想形成后,小学教师自身道德、专业理念的发展就有了很好的见证。

二、拥有教育精品情结

用什么来评判小学教师的专业理论和师德水准？前述的具有教育思想和主动精神是一个标准，作为结果和成就的教育精品是更重要的标准。铸造教育精品，打造优质教育及培育卓越人才，这是一种带有个性化的成就体现，而不是大环境中的群体成绩，即有此小学教师，才会有此成绩——往往是因为一个人对一个群体的影响，带给一个群体的发展——其中，小学教师个体的专业理念近乎灵魂与核心价值。卓越小学教师必须清楚，铸就教育精品，必须是专业理念提升后的产物，绝非教育对象的发展而自我专业理念的后退或无发展，更不是把学生努力的结果归功于自我的发展。

（一）打造优质教育

优质教育的打造，即通过小学教师的努力，让自己成为优质教育的代言人。将成为学科带头人、学术带头人等作为小学教师职业生涯中远期的奋斗目标，在奔向目标的过程中，能让专业理念和师德自然提高。

打造优质教育是每一位小学教师只要努力就可能变为现实的职业规划。优质教育可以是一方教育环境的整体提升，是某领域、某学科的改良，或某小课题自发性的开展等。

任何人想要成功，最初多从小事做起，开个好头，如果做任何事还没有开好头便被自我多次否定，结果只能是失去未来。主动投入打造优质教育的人，专业理论的提升速度明显高于他人。优质教育其实是一种智慧的投入，每一位小学教师的成功都需要这一投入，才可能有专业理论发展的平台。想要将教育作为事业的小学教师，更应习惯于把提供优质教育理解为卓越小学教师应尽的义务。

只有努力并创造性地工作，把专业理念和师德发展作为奋进的目标，才会有优质教育。那些专业理念与师德得到充分发展与展露的小学教师，才会打造出优质教育，这也是其专业理论与师德发展的证明。优质教育因一些优秀的小学教师而产生。反之，身处某一好的教育环境，却没有优质教育，环境中的教育工作者就应该负有不可推卸的责任。打造优质教育，小学教师才有价值，但现实中，真能提供优质教育的并不多。

小学教师打造优质教育可从以下几点做起。

（1）提升自我打造优质教育的规划能力

优质教育的打造需要规划，需要抛开功利意识。世界上任何优质资源都有一个打造并深度开发才被认可的过程，优质教育也是如此。只有结合环境及特有的条件，而后提出相当的目标，才有变成现实的可能。

规划能力的提升须注重科学性，必须对自我素质特长有明晰的认知，建议小学教师结合自我特长打造属于自我的优质教育基地，朝提供品牌教育的方向努力，并须有十年磨一剑的精神。

（2）提升自我打造优质教育的执行力

一位小学教师在专业理念发展的同时若与优质教育相伴，就要拥有执行力。向往优质教育的小学教师真正成功的并不多，主要在于缺少执行力。打造优质教育，教师的执行力源于强大的专业理念，唯有它，才会支撑优质教育的延续。

拥有强大的执行力，才会有支撑卓越小学教师走得更远的信心。现实中，无数的小学教师错把按照别人的要求做事理解成有执行力。打造优质教育，提升自我的执行力，卓越小学教师必须有不断实践、学习、提升自我的过程，能围绕给定的目标大胆实践创新，能应用所学的前瞻性知识去攻克前行中的困难，能在总结提炼中优化教育。

（3）提升自我打造优质教育的"导演"能力

优质教育必须彰显一大特性，即张扬教育对象个性，并能促其快速成长。当下的教育倡导师生共同成长，但小学教师专业素质的提升与学生能力素质的形成有质的不同。学生需要的是掌握新知，提升创新能力；小学教师提升的是指导学生如何科学掌握新知的技能，积累的是促进学生形成创新能力的知识。小学教师专业理念的提升，需要做"导演"，把学生这一群小演员指导到位，通过他们的演绎，证明小学教师的能力。

专业理念的提升除了本身潜质的反映，还要外显出一种导演能力，即一种高超的掌握能力，指导工作对象达到理想的境界。小学教师提升自己的导演能力除了自身的努力，还要多向书本学习，特别是多读经典著作，从中吸取精髓。最佳途径是从模仿开始，得到优秀小学教师的指导，从他们身上得到传承。很多名师在从教生涯中提炼出很多宝贵的经验，因此要多请教他们，而且模仿别人的过程也是一种让自我专业理念得到发展的方法。除了模仿，小学教师还需要依托当前的工作推陈出新，如此才能创造出"优质教育"。

（二）培育卓越人才

1.卓越人才培养的内涵

人类文明的传承方式通常有两种，一是通过形成文字的方式，供后来者学习借鉴，二是口授相传，把自我的思想、方法或技能传授于对象。

一切教育哲学的思考只有转化为操作，才会让教育富有意义。卓越人才的培育即立足于现实的个体的个性差异如不同的智力优势、不同的成长经历，着眼于教育对象的未来——成为卓越领导者和建设者，让其得到最充分的发展，从而创造更为优质的教育。只有优秀的小学教师方能培育出卓越的学生。全面提升自我综合素质，为培育卓越的人做准备，这是每一位小学教师的义务。我们在此必须认清两个概念：一是工作对象，主要指学生，也指被教师正面影响的同行；二是卓越的标准，卓越人才的基本素质包括责任感、创新性、应用性、国际化。

培育卓越人才，任重道远。将教育理念科学化、精细化、具体化，并进一步落实到学校管理、班级建设、课堂教学、课外活动中，是当前最紧要的任务。将人格、品质、精神、思维、方法、能力等的培养落实到每一位教育对象身上，让成长的轨迹显性化、理性化、高效化，真正听到教育对象成长的拔节之声是卓越小学教师义不容辞的责任。作为教育者，我们需要用审慎的眼光看待教育对象的需要，需要耐心地、充满爱心和希望地、带着教育智慧地引领他们，期待他们的成长变化，为他们的幸福全盘思考、全面导向，并适时调整教育策略，把他们的现实发展和未来幸福有机地连接起来。

一位好教师，必须具有培育卓越人才之能。很多小学教师既无培养卓越人才的愿望，也无培育卓越人才的能力，何以为之？

只教给学生知识而不关注学生未来的发展，只重视学科成绩而少有对学生潜能的开发，特别是缺少对学生卓越品质的塑造，是当前中小学教师工作中的一个普遍现象。高尚的师德能培育卓越学生的正能量。在通往卓越之路上，教育对象自身的努力虽是主要因素，但如缺少小学教师方向性的指点，很多可塑之材都有可能被淘汰出局。

如果小学教师只注重学科成绩而忽视学生的未来发展，其师德定然大打折扣。不只一线小学教师，教育管理者的师德也是学生走向卓越不可缺少的因素。比如，校长有培育学生和小学教师的双重责任，关注学生的发展要纳入其职责范围。无数中小学校长忽略了培育卓越小学教师这一任务，这是校长师德评价被大打折扣的一大原因。

没有一位成功的教育家不具有自己的教育思想，没有一种先进的教育理论不蕴含理想的教育主张。教育理想是教育活动的指南，是教育行为的向导，也是人们为之努力的精神力量。高瞻方能远瞩，高瞻远瞩就是视野，就是未来，就是前行的方向和勇气。要想使教育对象在未来的社会取得主动，能有自己的一席之地，今天的教育就应该着眼将来。

纵观古今中外，许多教育家都有这样的气概和主张。孔子对教育寄予很高的热情和期望，他希望通过教育培养君子贤人，治国平天下；陶行知向虚伪的传统教育宣战，"千学万学学做真人"；古希腊的柏拉图寄希望于教育，立志培养理性国家的"智者"；法国思想家卢梭①通过"无目的"的教育，培养有民主意识的公民和建立民主的国家……。他们的教育理想不仅是其教育行动的指南，更是奋斗不息的精神动力，也是高山仰止的力量源泉。

2. 卓越人才培养的策略

（1）富有远大的教育理想和浪漫的教育情怀，为培育卓越人才做准备

以培育卓越人才为教育理想，首先需要立足本职。生命中只有一种颜色是永不褪色的，那就是白色。这种看似不起眼的颜色，能够抵挡住时光的流逝，克服风雨的剥蚀，平淡之中自有一种高雅。未来之师，就要具有这种抗击外界风雨的剥蚀、抵御外界多彩诱惑的能力。立足本职，把平淡的职业化为高尚的事业来做，才能体会教育的快乐，才能体会到培养卓越人才的兴致。不见异思迁，不好高骛远，旁观各路风云，心系教育伊甸园，在三尺讲台之上谱写自己的精彩人生。

如果我们今天不生活在未来，那么明天我们就将生活在过去。立足今天，着眼未来，是"未来之师"的义务和责任。"未来之师"应该是未来社会人才的策划师、经纪人，能够针对学生的个性特点、专业特长，主动承担起培养明天生活建设者和领导者的重任。针对未来社会的特点，培养出具有创新意识、组织才能、领导艺术、包容性、高度团队责任感及自我牺牲精神的人，培养出具有道德素质与良好心理结构的组织协调者，培养出对事物发展有良好预见能

---

① 让-雅克·卢梭（Jean-Jacques Rousseau，1712—1778），法国18世纪启蒙思想家、哲学家、教育家、文学家、民主政论家，浪漫主义文学流派的开创者，启蒙运动代表人物之一。主要著作有《论人类不平等的起源和基础》《社会契约论》《爱弥儿》《忏悔录》《新爱洛伊丝》《植物学通信》等。

力及相应决策能力的人。

（2）拥有三种气节，为树立卓越人才做准备

①正气。"未来之师"的正气，源自心底的无私，来源于对教育事业执着的热爱。未来之师尤其要善于"养气"，固本培元。一名充满正气的"未来之师"会把精神生活的充盈看得比物质生活的富足更珍贵，在简朴的物质生活中感到平衡和自足，将精神的旗帜飘扬在心灵的上空，猎猎起舞。

②锐气。锐气是一种胆量，一种魄力，是一种敢于克服种种困难的果敢和决断，是一种对教育改革全身心的投入和对教学艺术的毕生钻研与追求。"未来之师"有了这种锐气，就能攻坚克难，积极进取，着眼未来，勇于开拓；就能勇于批判，勇于建设，敢于打破常规，另辟蹊径，敢于用自己的行动谱写教育的明天。

③书卷气。书卷气是丰富，是厚重，是积累，是沉淀。未来之师的书卷气会为自身的形象增添厚重的质感，为自身的人格增添亲和的魅力，为自身的工作增添巧妙和智慧，为自身的生活增添文化和雅致，让自己成为一个有品位、有感染力的人。

（3）全面提升专业理念与师德，为促进卓越人才生成积累资本

①专业成长。一名优秀的"未来之师"必须是一名教有专长的小学教师。大凡优秀的小学教师，在自己的教学上都有一定的修养，有一定的专长，有一定的造诣，这是一名教师的立足之本。

②丰富智慧。教育的智慧是指小学教师在其专业领域深刻体验与执着思考的基础上，对教育本质与教育过程所持有的一种深刻洞察、精确理解、迅速判断等成熟完善的思维品质。教育智慧是点亮"未来之师"职业生命的一盏明灯，是"未来之师"的教育技术与教育艺术高度融合的产物。清晰的思路、严密的逻辑、敏捷的思维、先进的理念是"未来之师"的智慧性格；幽默、富有激情、充满朝气及积极进取是"未来之师"智慧的表现。"未来之师"应当在师德修养中提升自身的底蕴，在教育研究中提升自己的能力，在教学反思中改进自己的教育教学方法，在实践探索中完成教育智慧的探索与落实，在自己的教育教学之路上身体力行、率先垂范，以自身的行动来证明未来之师就是一个教育教学中的"智者"，即一个有大智慧的人。

三、优良习惯的养成

当人们处于惰性状态后,要是没有足够强大的动力,就难以振作。现实中总有一部分小学教师在快速地发展,可又总有一部分小学教师静止不动,似乎习惯于不发展。拥有教育思想、主动精神,精心打造专属于自我的优质教育基地,为培育卓越人才做好充分的准备,其实并不难。对于无数中小学教师而言,哪怕已早早停下专业理念和师德发展的步伐,只要能时刻警醒,敢于向自我挑战,用牵引力助推,依然会快速获得成长。

(一)自我净化

成就一番事业的过程也是自我净化心灵的过程。把教育当作事业干,专业理念与师德发展想达到某一高度,净化是先决条件。

净化自我需要养成习惯。把教育当事业认真对待,自我净化,做更多无功利之事并无怨无悔,很不简单。正所谓养其心,心正而精神气自然顺。教育可以让自我超凡脱俗,促专业理念和师德发展,何尝不是这样?

专业理念与师德发展不是立竿见影,而是长期收效的。尽管当下教育行政部门经常开展小学教师培训,却收获甚微,原因是没有引领小学教师把教育融入生命,把发展当作自我的事,参训小学教师没有找到持续前行的动力。

把教育当作生命,抛开浮躁、清空心灵是一个净化过程。小学教师养成自我净化的习惯,专心投入某一件事,其专业素质才会快速提升,解决问题的能力才会快速提升,工作定然会有一个好的效果。

教师实现自我净化可从以下两点做起。

(1)增强自我净化的能力

小学教师保持思想的纯洁性,很重要的就是要不断增强自我净化能力,靠学习强筋骨,靠自律守规矩,靠内省常修身,永葆小学教师本色。

(2)在净化中完善自我

这是现实的迫切需要,是发展的必然要求。一生只做教育一件事,如果不去思考如何做好它,还真难把教育做好。小学教师应在从严要求中自我净化,在深化改革中自我完善,在善于学习中自我革新。完善自我最佳的方式是勇于在实践中自我提高。理论只有付诸实践,才能发挥作用,当前发展的外部环境更趋复杂,不平衡、不协调、不可持续,对此,教师必须时刻保持头脑清醒,保持忧患意识,以与时俱进、昂扬奋发的精神风貌,埋头苦干、精益求精的踏实作风，进行攻坚克难。

（二）自我革新

1. 自我革新的内涵

一盆水长久置于某个地方，会出现哪些现象呢？这盆水像一个人拥有的知识一样，如果没有新知的注入，一定会慢慢地蒸发，随着时间的延长越来越少，直到完全挥发；或者，这盆水因没有新知的注入而变腐臭。专业理念需要有不断注入新知的过程。教师应想象自己是一滴水，而后向前顺流，让自己成为一条溪；想象自己是一条溪，而后不断地容纳百川，让自己成为一片海。实现自我的人生理想，让自我的学识不断超越，不断丰满，这一切并非没有可能。

只有养成自我革新的习惯，才能走上掌握新理念的捷径，而自我革新是一个推陈出新的过程。国内外的著名学者研究小学教师成长给出很多结论，很著名的波斯纳公式是"小学教师成长＝经验＋反思"。也有学者经过多年的研究发现：丰富的教学实践＋及时反思＋行为矫正＋及时提炼＝优秀小学教师成长。这些式子是指引小学教师如何进行自我革新的，但关键在于小学教师能否主动发展。

处于高原期的小学教师往往伴随着不同程度的挫折或者倦怠，找不到前进的动力，专业发展因此停滞不前。不管是适应了教学的老手还是处于成长期的新手小学教师，如果不能正确认识导致高原现象的因素，就会对自身的发展造成一定的消极影响。据不完全统计，60%以上的小学教师都已经处在高原期，找到走出高原期的办法，专业理念和师德发展才会真有突破口。

是否进入小学教师专业发展高原期，在此提供六大标识：

①很难感觉到像前一个时期那样快速成长，相反，发现自己很多事情都在重复；

②能保持中等状态的教学效果，即使再努力，也没有明显的提高，不过一般情况下也坏不到哪里去；

③工作内容和范围长期没有变化，自己也不知道还有什么事情可做，偶尔有一些新的尝试，也看不见什么效果；

④发现自己从同伴那里不能再学到更多的东西，觉得同伴懂的自己也基本上都懂；

⑤工作热情明显下降，但能维持着基本的工作状态，不时也有工作疲

累感；

⑥开始关心教学理论，但没有哪一种理论能完全说服自己，觉得这些理论都与自己的切身感受不一致。

2.自我革新的策略

小学教师实现自我革新，可从以下几点做起。

（1）投入科研性实践

科研性实践是适合小学教师"二次成长"的实践阶梯。充满智慧的教育创新实践经历蕴藏着促进小学教师专业发展的巨大能量。科研性教育创新实践具有显著的特点：首先课题的选择不是凭直觉兴趣而是注重普遍意义，教育创新必须融入科学和理性；其次研究工作有组织、有计划；最后在科学方法指导下进行，重实践的合理性。投入科研性实践往往会经历"问题发现—剖析—解决—改进—总结"的过程，在这个过程中，问题得以解决，方法得以更新，就为快速走出高原期提供了可能。

（2）开展系统化的反思

反思是小学教师专业发展的必由之路，教学反思帮助小学教师解剖、批判与重构自己的教育实践，带小学教师走出平庸，在一个更高的平台上创造更高质量的教育实践。反思者通过对自己原有的态度、认知、行为方式的解构与重构过程，生发一种新的态度、情感、观念，产生新的教学实践策略，内化为职业素质的有机组成部分，推动着专业的不断进步。小学教师可从对单节课（单个教育现象）、某组课文（班级整体教育）、一学期等方面开展反思，确保反思的系统化和长远性。

（3）努力赢得支持性环境

要设法取得专业力量的支持，利用各种机遇赢得机会，这些机会包括学习交流、学术研讨、公开亮相、培训研修等。

（4）努力赢得专家指导

第一次成长所依靠的外部支持主要是同伴的示范，第二次成长所依靠的外部支持主要是专家的指导。教师的成长要抓住关键事件，赢得关键人物的指导。卓越小学教师要能真正树立起"学而不厌"的终身学习理念，养成"诲人不倦"的仁者品质，拥抱着教育的阳光和雨露冲出高原期。

四、把握好渐变的过程

提及专业理念的发展过程，建议大家使用"渐变"与"突变"两个词，更会明白应该怎样走好眼前这一步。若教师已处于高原期很长一段时间，能从根本上解决思想问题，并给予自我一个妥当的人生规划，人生的第二次激情依然能被点燃。

人们应建立一种发展性的认知模式，如见某人能有今天的成就，应想到这是一个渐变的结果，见某人今日的颓废也应想到这依然是一个渐变的过程。使用"渐变"是一种归因思维，只有具有"渐变"思想的人才会真正在学习他人中准确地习得方法。比如，向名师学习，哪怕学习其最有实用意义的教育教学技能，除了关注眼前习得，往往还会对名师曾经历的过程有更多、更大的兴趣，从而习得名师更深层次的东西。

卓越小学教师应该能够立足于最基础的工作而不浮躁，然后不断地摸索，不断地实践，不断地总结与提炼，从而提高自我素质。若小学教师能准确把握这一渐变的过程，就能缩短某一阶段的成长期，或快速走出高原期，逐渐形成独具特色的教育教学理念。

（一）更新"我"的开端

解决专业理论和师德发展的第一要义是更新教育理念。每一位小学教师就是一座深埋的金矿，如果没有开发的过程就无闪光的结果，甚至就是一堆毫无用处的顽石。解放自我，提高自我含金量，从引进技术到自主开发就是一个良好的开端。

俗话说，良好的开端是成功的一半。教师发展的关键在于找到新的突破口，如走出传统封闭的课堂把他人请来一块探讨，登门造访向他人学习。这解放自我的过程，核心在于自我思想观念的转变，能主动清除内心的腐朽，而后装下更多富有活力和有生命价值的东西。提升专业理念，解放思想是大势所趋，是释放正能量的最佳方式，希望小学教师们能在觉醒中有一个良好的开端，将自我这一座金矿盘活。专业理念的提升，给自我一个良好的开端，有一个最直接的方法即批判精神。敢于否定自我，敢于否定当下，指出存在的弊端，时刻保持清醒的头脑，才可言小学教师拥有专业理念提升最基本的潜质。现实是无数小学教师或观点中立或根本无观点，这很明显是缺乏用专业发展理念给予自我行动的底气。

教师更新自我的开端可从以下几点做起。

（1）厘清成长"线路图"

良好的开端无不蕴含着智慧，如果没有睿智的眼光，是很难在前行的路上给自己规划出一条明晰的路线的，搞得不好就会东一榔头西一棒子，有时流于浅薄，有时又过于跟风。此时，最好的办法就是大胆实践，于实践中发现适合自我发展的方向。比如，笔者在努力前行中发现自己的创新能力较强，便着手教育研究。建议那些立志于专业成长的小学教师在还没有找到前行之路时不要犹豫，只要有敢于受挫的勇气，便会找到一条适合自我的路，这条路可能还通往教育研究中的一块处女地。

（2）必须走好眼下两步

成功在于做人，失败也在于做人。努力做到谦虚好学，是良好开端的第一步。无数没有专业提升理念的小学教师的失败都是做人的失败。因为，在小学教师前行的路上，自己并不是最了解自己优缺点的人，如果小学教师总能以求助者的身份虚心向身边的人求教，当打开彼此心灵的那一道闸门时，定能得到指点。第二步是把自己的专业做到最好。对行业的认识、对专业的理解、对业务的精通，都是提升专业理论的基础，最好能打造出属于自我的优质教育，并以培育卓越人才为己任。

（二）渐变的人生与规划

在人生的每一阶段，需求的高度应是规划的高度。所以，谈及小学教师的人生，则更多地指向人生的需求、阶段的需求。加快小学教师的专业成长离不开渐变的人生规划，无数小学教师工作被动、籍籍无名就在于没有对自我专业理念与师德有具体要求，更不用谈付诸实践。

教师把握人生可从以下几点做起。

（1）把握职场规律，科学规划 40 年

一般来说，每个人大约有 40 年的时间要在职场度过。25 岁、35 岁、45 岁是大多数小学教师必经的几道坎。25 岁制订规划要立足岗位，学会站稳脚跟，走好职业生涯第一步。35 岁进入快速成长期，这是职业生涯规划最重要的时期，要学会反思，如发现不适应尽快修正。45 岁以后，工作的热情，接受新事物的能力、精力，进取心都已不如年轻人，多数人的事业、职位、名利大局已定，此时如仍一事无成，制订规划时需要先全面盘点自己，反省原因，找出阻碍进步的症结，为自己制订一个明确、可行的职业规划。

(2) 把个体成长计划融入教育大发展的背景中

小学教师要想为自己创造一条良好的职业发展道路，就要时刻把个人成长计划与教育发展的大背景紧紧连在一起，树立"和教育一起成长"的职业规划理念，这样才不会被飞速发展的教育所淘汰。小学教师要确立职业生涯总体目标，就要实现个人生涯计划与教育事业规划的统一，把个人的追求融入教育的长远发展中来。这就要求小学教师多关注国家教育规划，如结合《国家中长期教育改革和发展规划纲要》来制订自己一生的教育行动计划。

(3) 做不折不扣的规划执行者

我国不缺乏雄才大略的战略家，缺少的是不折不扣的执行者。执行是目标完成的关键，教师管理好时间，建立时间坐标，计划中的每一个目标都要有横、纵坐标值，一个值是开始预期实现的时间，另一个值是围绕目标的每一项工作安排实施的时间。另外，教师还应做好"行"，即按照预设目标一步步执行；做好"评"，即评估调整，把目标置于每天的日程中，并反思当日工作是否达标，有何偏失，以随时调整。

第二节 卓越小学教师专业能力的培养与提升

一、卓越小学教师的教学能力

用小学教师的智慧碰撞出学生的智慧火花，努力使学生得法于课内、得益于课外，这是小学教师教学能力的表现。因此，为人师者的教学能力对提升教学质量、科学教学起着至关重要的作用。那么，何为能力？何为教学能力呢？

(一) 能力概述

1. 能力及其种类

从心理学角度讲，能力是顺利实现某种活动的心理特征、心理条件，它包括不同的内容，涉及不同的种类。

(1) 能力的内容

能力包含两方面的内容：一是狭义能力，指现有的水平、已有的能力；二是潜力和可能性，即未来的发展可能达到的程度。能力表现在各种活动中，并在活动中得到发展，如绘画能力只在绘画活动中体现和发展；管理能力也只在管理活动中体现和发展，在亲密关系中并不适用。能力的产生和发展与社会生活是分不开的。

（2）能力的类型

能力的类型比较复杂，从不同的角度可以划分为不同的种类，一般来说，可以划分为如下几类。

①一般能力和特殊能力。所谓一般能力，是在许多基本活动中都表现出来、各种活动都必须具备的能力，也称为智力，如观察力、记忆力、思维力、想象力。学习、工作、创造发明等任何活动的顺利完成，都离不开这些能力。所谓特殊能力，是在某种专业活动中表现出来的能力。每一种特殊能力都是由该活动性质所制约的几种基本的心理品质构成的，如数学能力、音乐能力、绘画能力、机械操作能力等，这些能力对完成相应的活动是必需的。

②模仿能力和创造能力。所谓模仿能力，就是指仿照他人的言行举止去做，以便使自己的行为方式与被模仿者相同。这一能力由观察和仿效两个成分构成。这种能力表现在个人的行为方式与被模仿者的行为方式的相似性上，两者愈相似，表明模仿能力愈强。所谓创造能力，是指在活动中创造出独特的、新颖的、有社会价值的产品的能力。它具有独特性、变通性、流畅性的特点。两种能力之间关系密切，通常是先模仿后创造，但在创造中也是有借鉴模仿的。

③认知能力和元认知能力。简单地说，认知能力就是个人获取和保存知识的能力，如注意力、观察力、记忆力和思维力等。元认知能力是指个人对自己的记忆、理解和其他认知活动的评价和监控能力，表现为个人怎样评价自己的认知活动，怎样从已知的可能性中选择解决问题的确切方法，怎样集中注意力，怎样及时决定停止做一件困难的工作，怎样判断目标是否与自己的能力一致等。

2.能力与知识、技能的区别与联系

人的能力有强有弱，人的知识有多有少，人的技能有高有低。那么能力与知识、技能之间的关系是怎样的呢？能力、知识和技能既有区别又有密切联系。

知识是人脑对客观事物的主观表征，个人所掌握的知识是对人类社会历史的总结和概括。技能是个人通过练习而掌握的动作方式和动作系统。能力是调节行为、活动的相应心理过程的概括化结果，是一种个性心理特征。例如，在学骑自行车时，操作自行车的一套动作方式是技能，而支配此动作方式的心理过程的稳定特点则属于能力。如果一个人不仅在学自行车时表现出动作敏捷，还在掌握其他技能时也经常表现出这一特点，这时就可以说其具有动作敏捷的能力。

知识和技能的发展不等同于能力的提高，即此三者之间是不同步的。一般来说，能力的发展比知识获得、技能掌握要慢得多，而且不是永远随知识的增加而成正比发展的。知识和技能在一生中可以随着年龄的增长不断积累，日益增长，而人的能力则不一样。在人的一生中，随着年龄的增长，能力表现为逐渐形成、发展、停滞和衰退的过程。人到了老年，可以学习新的知识，但其在学习能力的某些方面在一定程度上衰退着。研究表明，之所以相同的内容经常是老年人比青年人学得慢，较难巩固，运用起来也不灵活，就是老年人能力减退了。

（二）卓越小学教师教学能力的践行——做好课前、课中、课后工作

1. 课前准备，严谨充分

卓越小学教师的突出表现之一就是能够做好课前、课中和课后工作。美国心理学家 E. L. 桑代克用科学实验的方式来研究学习的规律，提出了著名的联结学说[1]，得出了三条主要的学习定律：准备律、练习律、效果律。准备律是指在进入某种学习活动之前，如果学习者做好了与相应的学习活动相关的预备性反应（包括生理和心理的），学习者就能比较自如地掌握学习的内容。美国斯坦福大学教授李·舒尔曼提出将学科知识转化为学生可接受的形式，突出对学生的理解，强调教学设计要充分考虑学生的实际情况的教育理念，强调缺少对学生的了解和尊重，缺少对学生主体地位充分体现的设计，教学无论如何都是失败的。为此，要成为小学教师，就要注意做好课前准备。

（1）设定教学目标和期望

教学目标的设定、认识的准确度与课堂所取得的效果成正比，教学目标是整个课堂活动设计的出发点与归宿。因此，小学教师做好课前准备，首先就要充分熟悉、了解、掌握所要达到的教学目标，如此才能有信心、有目的地实施

---

[1] 把人和动物的心理过程，特别是学习过程，用刺激和反应之间的联结的概念加以说明的一种学习理论。学说认为，感觉印象和反应间的联结的形成是学习的基础，并根据对动物的研究，认为学习的基本方式就是尝试与错误。所以，这一学说又称尝试与错误说（简称试误说）。

一定的教学活动，并采取一定的教学策略。

（2）把握好教学内容的深度与宽度

事实上，在教学中存在着很多不同的结构，包括知识结构、认知结构、教材结构、教学结构，小学教师要对教学内容有整体的把握和驾驭，不仅要进行深入细致的解构，还要针对实际教学进行重构。为此，小学教师要在使用教材时进行再开发，提升自己的再开发能力，还可以借助同伴互助，进行深入的集体备课，进而促进自己对教学内容的更深理解与把握。

（3）了解学生的学习程度与状况，树立起点和发展意识

小学教师在课前一定要了解学生的已知与未知，掌握学生的实际情况与运用知识的能力。如此一来，小学教师就能根据学生现有的知识与技能，把握好教学的起点，进而有的放矢地进行教学设计，包括设计教学过程中的问题，把握教学进程，使学生"跳一跳就能摘到果子"，以不断获得新的成功体验和满足感，提高教学效率。总之，小学教师一定要在课前以学生准备程度为基点，对学生相关背景知识进行预测与了解，从而决定授课内容与授课深度，利用学生已知知识和未知知识之间的认知空白创设问题情境，在符合最近发展区理论的前提下，根据学生已掌握的知识设置一个高于目前认知能力的问题，引发学生的认知冲突，使其处于心理失衡状态，进而促使学生为了达到新的知识结构平衡，不得不去寻找新的理论和知识点，以消除这种不稳定的状态。

当然，在准备过程中，为了唤起学生的学习兴趣，小学教师自己要有强烈的问题意识和较高的设置问题的能力，要熟悉教学内容，熟悉教学内容所隐含的思想方法及这种思想方法的来龙去脉。问题设计要体现教学目标，要体现思维的开放性，使学生可以从不同的角度来思考，同时问题设计的难度要具有一定的层次性，使不同层次的学生愿意提出自己的见解。

2.课中应用，严格机智

课堂是教学的主阵地，小学教师在课堂中的组织教学和管理是其卓越性的体现。因此，卓越小学教师的课堂是师生共同学习、不断超越自我的课堂。要打造这样的课堂，小学教师就要做到以下方面。

（1）严格从教

所谓严格从教，就是小学教师注意课堂礼仪，加强课堂管理，对学生既要严格要求，又要热情关心；既要求学生遵守课堂纪律，又能依据教学内容和教学目标灵活调整教学方式与课堂活动。在教学过程中，教师要注意掌握学生的

听课动态，充分尊重学生的人格，科学安排课堂教学内容，有明确的教学目的和要求，科学指导学生演练和讨论。

（2）机智灵活，互动共学

所谓互动共学，就是小学教师在教学中能够使课堂运转起来，做一些语言和非语言的介入，如把双手轻轻地放在学生的双肩上，提醒学生注意听讲等，有计划地让学生与学生、自己与学生之间进行合作，从而营造一种和谐的课堂氛围，调动学生学习的主动性和积极性，提升教学效率和学生的学习效率。这主要表现在以下几方面。

①能够创设良好的课堂气氛。小学教师可以借助灵活的教学手段或方式，对学生严而不放任自流，严得有度，在不给学生带来心理压力的同时，以自己满腔热情的积极状态，向学生传递知识技能，使学生的心随着小学教师的情感而奔腾澎湃。

②为学生创设合作学习机会。小学教师在课堂上，要积极主动地创造条件，让每个学生都投入到学习中来，让学生在讨论中学会倾听、表达与交流，初步学会文明地进行人际沟通和社会交往，发展合作精神，在教师的引领下合作探究，灵活地掌握知识。

③对学生进行学习策略的指导。小学教师在教学过程中要关注促进知识、技能掌握的教学，培养智慧技能的教学，培养创造力的教学，注重情感发展和人际关系的教学等，对学生进行学习策略的指导，以此牢牢抓住学生的心，将课堂教学落于实处。

④注意反馈总结。在教学过程中，小学教师要关注课堂知识的总结，要引导学生明白本节课学的内容是什么和解决问题的方法，要经常结合教学内容了解学生学习动向，引导学生进行学习反馈，使学生学会进行学习总结。

⑤教学中机智灵活。所谓机智灵活，是指小学教师具有教育智慧，能针对教学过程中发现的问题灵活调整教学，组织学生应对突发事件等。

3.课后总结及时深刻

美国学者波斯纳提出了小学教师成长的公式：小学教师的成长＝经验＋反思。由此可见课后及时反思总结的重要性。于小学教师而言，在课堂教学实践后及时反思，不仅能使其直观、具体地总结教学中的长处，发现问题，找出原因及解决问题的办法，还能研究教材和学生，优化教学方法和手段，丰富自己的教学经验，且这个过程本身就是将实践经验系统化、理论化的过程，非常有利于提高小学教师的教学水平。因此，卓越小学教师在课后要及时总结反思。那么小学教师课后总结反思哪些内容呢？

（1）对优秀之处进行及时总结

一堂课下来，小学教师会感觉有些地方在设计上引起了学生的共鸣，达到了预期的效果，小学教师应该及时地把这些优秀之处记录下来，为以后教学做参考。一般来说，小学教师可以从新课导入、多媒体手段的运用效果、教学的板书设计、解决重难点的方法、教学中组织学生的有效活动，以及激发学生思维和培养学生创新能力的方法上加以总结。比如，导入环节中那些承上启下、富有创意、充分调动起学生兴趣的设计；多媒体运用时最大限度地辅助教学内容的方法；板书设计得层次清楚、条理分明的经验；突出教学重点、突破难点的方法或手段；课堂教学中调动学生的学习积极性，活跃课堂气氛又激发学生的思维，培养学生的创新能力的方法。

（2）对不足之处与机智运用进行深刻反思

正所谓"学然后知不足，教然后知困"，小学教师在课后及时反思是促进教学提升、走上卓越之路的重要方法。一名优秀的小学教师要清楚学生个体之间的差异，明白他们在心理思维和认知方式上的不同，也明确这种不同给课堂教学带来的不可预知性和复杂性，这样我们在面对这些不足时，就可以将其当作成长的催化剂。而要发挥这些催化剂的作用，就需要小学教师及时反思。一般来说，这些反思可以从教学设计是否妥当、预设的目标是否脱离学生实际、采用的教学方法是否符合学生认知规律、课堂节奏控制是否游刃有余、课堂气氛是否和谐、学生学习兴趣是否得到激发、课堂效果是否明显、学生是否能够活学活用等方面加以反思，并总结经验，思考提升和改进的方法。

除了对以上内容进行反思，教师还要对在教学过程中处理突发事件的方法进行反思，即要反思教学机智在课堂教学中的运用。小学教师要清楚，师生间的思维与情感是随着教学过程不断碰撞而产生的，在此过程中，小学教师的思维活跃性常常得到激发，进而产生一些瞬间的灵感，而有时这种无意间的巧合就能很好地解决问题、完善教学设计。将这些"智慧的火花"于课后及时加以捕捉与记录，寻找隐含在背后的理论依据，加以推敲总结，使之上升到一定高度，就可以获得规律性认识。

总之，借助这种反思总结，小学教师就可以重新审视自我、发现自我，使自己的缺点和不足得到修正，优秀完满之处得以升华，在不断积累沉淀的过程中，教学能力和教学质量会不断地提升，最终达到"思透则新，思新则进"，并走上卓越之路。

（三）卓越小学教师教学能力的提升路径

1. 加强知识输入能力的训练

所谓输入，就是借助阅读、倾听、观看等学习方式，将知识储存到自己大脑的过程。就实质而言，知识的输入就是知识的学习过程。

（1）知识的类型及学习过程

知识分为两种类型：一种是软知识，指的是能够更新思想观念，重新梳理认知的知识，这种知识一般比较虚无缥缈，很难立竿见影，比如各种学科的理论知识都属于这一类；一种是硬知识，即那些技能类的知识，这种知识可以实实在在、手把手教导学习，别人做一步，自己照着做一步，立竿见影，如手工制作，就属于这一类的技能知识。

（2）知识输入效果的提升方法

①零散时间学习法。这就是所谓的"零存整取"法，将生活和工作中一切零散的时间利用起来，如利用上下班路上听录音等，利用手机或 Kindle[①] 等其他阅读工具看书，看各类复习资料。如此一来，小学教师就可以在零碎的时间里为自己建立一个"移动书房"。

②利用思维导图提高学习效率。与思维导图相关的书籍很多，但要强调的是，思维导图既可以帮我们发散思维，又能提高注意力，非常灵活，我们不妨用它来记读书笔记、工作计划等。

③利用印象笔记创建个性化学习资料库。印象笔记跟思维导图都属于学习工具。这一工具可以以文字和图片将随想、备忘、灵感、文章、知识点、名片甚至语音等所有可能用得着的信息集中储存，就如同一个私人资料库。小学教师可以随时将自己的灵感或有启发的地方记在印象笔记里，如果需要记录的文字篇幅大或者是图表格式，还可以直接拍照保存在其中。此外，网页内容（包括手机网页）也可以直接保存到印象笔记里，而且网页所见即印象笔记所得。这样，即使没有网络，只要有时间，教师随时随地都可以打开事先存好的网页内容进行阅读。当然了，印象笔记还可以把工作中常用的相关资料或信息存

---

① 亚马逊 Kindle 是由亚马逊公司设计和销售的电子阅读器。第一代 Kindle 于 2007 年 11 月 19 日发布，并于 2013 年 6 月 7 日进入中国，用户可以通过无线网络使用亚马逊 Kindle 购买、下载和阅读电子书、报纸、杂志、博客及其他电子媒体。

到一个单独的笔记本文件里，这样教师就可以随时打开印象笔记找到相应的内容，实现随时随地取出查用。

④学习小组、社群等督促学习。随着移动互联网的快速发展，小学教师的学习也变得极其便利。像现在的小学教师读书会、小学教师工作坊，均可以让一群趣味相投的人组成一个学习小组。同时，小学教师可以通过微信参加各类微课，大家围绕一个共同的知识目标听课、讨论、共享学习笔记。如此一来，教师们不仅将自己的零散时间利用起来，还可以学到很多东西。

⑤科学读书学习法。所谓科学读书，是指有目的地读书的方法。于小学教师而言，阅读是最普遍的知识的输入方法。因此，注意科学的阅读方法，可以让知识的输入事半功倍。

第一步：确立读书目的。要提高读书的效率，首先要确立读书的目标。带着主动意识去行动，会更加专注，也会更集中注意力，容易有所收获。

第二步：摘取关键信息。在正式开始阅读一本书之前，首先应先花几分钟的时间确认三项信息，包括序言、目录和后记。序言浓缩了一本书中所有的要点，通过阅读序言，可以概括了解一本书的内容。目录可以将一本书里所有的内容呈现出来，通过阅读目录可以了解一本书的整体内容和架构。后记也称跋，这部分主要是作者对全书的总结。通过这三部分，读者大体可以了解这本书的基本信息（书名、作者、出版社）、内容要点和大纲，有助于从整体上把握这本书的内容。对于大部分书籍而言，重要的内容只占全书的20%，也就是说一本200页的书，重点的部分只在40页左右。知道这点以后，小学教师在浏览全书框架的时候，就可以根据自己的需要，有针对性地重点阅读某一部分。

第三步：确立时间意识。教师注重培养自己的时间意识，会迅速提高学习效率。要提升知识输入的能力，还要注意做好科学的规划，对需要达成的目标，应有详细的执行计划来配合。此外，小学教师还要认识到，知识的学习是一个漫长的过程，为了保持积极性，当一个目标任务顺利完成时，要学会自我激励，以确保更好地完成下一个目标。

2. 注重知识输出能力的提升

所谓输出，就是借助讲解、传授知识等各种分享方式，把知识传递到自己之外的介质的过程。就其本质来看，知识的输出就是显性的知识内化为自己的隐性知识，变成自己的能力并得到使用的过程。

（1）清楚知识输入的前提

要成功地完成知识的输出，教师应清楚其前提，即输入的知识要转化为能力。知识输入到能力输出之间共有五个步骤，就是个体接受知识后进行的消化吸收过程知识输入→思考理解→建立架构→重复运用→反馈修正→形成习惯→能力输出。

①思考理解

当我们将知识生硬地输入头脑中，要想将其彻底掌握，还要经过思考理解，如此才能提升我们的个人能力，开拓我们的思维。而这一思考理解的过程强调发挥个体的主动性，个体要主动去思考，理解知识背后的逻辑关系，才能吸收知识，从而将其由瞬时或短时记忆转化为长时记忆，刻在自己的脑海中。

促进思考理解的方法就是多问自己几个"为什么"，这样的询问可以让个体思考找出事物背后的运作原理，这样，个体就可以根据目的而选择更合适、更高效的方式运用自己学到的知识，实现能力输出转化。如同看完一篇文章，读者就可以总结出这篇文章想要表达的思想，思考后的理解就可以帮助我们掌握文章的知识。对有些知识的理解会随着每个人的阅历的增加而不同。当然了，无论你对知识产生何种理解，都是为了实现最终的结果——输出。所以，可以将结果做出来就是理解的成功。

②建立架构

上面所说的思考理解的道理可以用"条条大路通罗马"来概括。简言之，理解的作用就是让个体清楚通向目的地的路不止一条。当然了，要达到这样的理解，就需要建立起知识架构。

"知识能够更容易理解知识"，意思是倘若想要理解知识，至少得有相关的背景知识辅助。因此，知识架构的建立就相当有必要了。只有建立了这样的架构，才能提高自己的理解能力。一般来说，建立知识架构有两种形式：新知识与旧知识的联想交集、新知识与新知识的层递积累。前者是用旧知识去帮助记忆和理解新知识。我们知道，相当多的科目之间具有关联性，如同学习数学要运用文史哲的知识一样，如果将知识比作一个城市网络，旧知识就是城市已有的大楼，而新知识则是要新建的大楼。联想交集就是借助建立不同的道路，让新知识这座大楼与已有的大楼串联起来。在此过程中，个体就要找出这两种知识彼此相通或相似的规律，用类比的方式将它们关联。

一旦将这种知识架构建立起来，那么新旧知识就会融为一体，运用起来就得心应手了。一般来说，小学教师均为受过高等教育的人，均具备属于自己的知识架构，因此学习其他新的知识也容易做到触类旁通。

③重复运用—反馈修正—形成习惯

当然了，知识架构在已有知识的基础上建立起来较为容易，但一旦是对于个体全然陌生的知识，那么就要一点一点地将知识架构建立起来，即要从头到尾去积累，直到个体的知识量能够构成一个架构。那么如何巩固学到的知识呢？就需要重复运用这种方式。

德国哲学家狄慈根说："重复，是学习之母。"表明了重复学习法的重要性。关于记忆的相关研究证明，记忆有其运作的规律，因此才存在着有意记忆和无意记忆。因此，记忆也存在一定的规律，很多时候我们之所以可以将一个东西记住，是无意中符合了记忆的规律，而重复就是其中一个记忆规律。

我们从自身的实践也可以发现，重复运用自己学到的知识，不仅能够帮助我们理解知识，还能帮助我们深入理解各个知识点之间的联系，从而更好地建立一套完整的知识体系。而这种重复也是知识转化为能力的首要手段。为此，当我们学到一种新的知识后，不妨找个时间去刻意重复练习，随着我们不断重复，大脑对这些知识越来越熟悉，就不会继续分配过多精力在上面了，这就是对硬知识的重复。

至于软知识，也可以采用重复的方式理解。比如，遇到不同的事情的时候，我们可以用同一种积极的行为应对，坚持下去，我们的思想就会潜移默化。当然了，重复运用的知识输出方式很多，如聊天、写作、与人分享课件等。总之，在重复运用学到的知识期间，倘若我们发现某个步骤无法达到自己想要的效果，就应该停下来，思考一下问题出在哪里，这时就会用到结果反馈，从而找出切实可行的方案，然后再用其修正自己的重复运用。在持续一段时间的重复练习后，大脑对所学的知识在使用上就会变得快捷得多，最终会成为一种下意识的习惯动作。当然了，这一过程需要经历一段时间，且因知识的难易程度不同需要的时间不同。科学研究证明，这一过程一般要持续48天方能建立习惯意识。当这一习惯意识逐渐变成个体的下意识，个体学到的知识就可以真正转化为个体的能力，达到了知识输出的目的。

需要注意的是，虽然软知识和硬知识在从输入个体到输出能力这一过程所面对的化学反应一样，但由于两种知识在不同的环节所分配的精力比重不同，其学习的方式也不尽相同。很多时候，一项能力的习得需要将对这两种知识的学习加以混合方能完成，而这种混合就是所谓的理论与实践相结合。

（2）提升知识输出能力的方法

知识输入的前提，我们在获得了更多的输入之后，就可以获得高质量的输出。那么如何输出呢？在自媒体时代，小学教师可以借助各种媒体平台如微博、微信、今日头条、简书、知乎等，创建个人的输出体系，尽可能广泛传播自己输出的内容。当然，这些输出方式对小学教师而言，由于时间等因素制约或许不太可行。但下面几种常见的输出方式是利于我们提升的。

①读书笔记法。对小学教师来说，经过阅读掌握的内容，用输出倒推输入，反而更容易记住书中的内容。所以经阅读输入的知识，提升其输出能力的方法之一就是做读书笔记，边摘抄，边写下自己的感想，与书中的内容产生联结。

在读书的时候，通过做笔记可帮助我们更好地整理知识和信息，强化书中的重点内容。而在正式做笔记之前，我们需要做一些准备工作，用画线、标记号、标记注释文字、贴书签、将重点的书页折角等方法找出重点部分。这里需要说明的是，贴书签主要是为了写一些关键词，以便日后看到这个书签就知道这页讲了什么内容。

读书笔记的制作。首先，在笔记本上写上书籍的基本信息（书名、作者、笔记制作日期、读书开始日、读书终止日）。其次，整理书中内容。一是摘录重点内容，第一次粗读时，把自己认为很重要的内容做好记号；第二次细读，再一次确认重要内容并摘录下来。二是摘录喜欢的内容，除了重点之外，可能有些部分自己很喜欢，不妨选取精华部分记录下来。最后，写下自己的感想。在阅读的过程中，我们随时随地都在产生新的想法，可以在摘录的同时，将自己瞬间的灵感记录下来。

②思维导图法。思维导图对知识的输出也是一种极好的方法。它区别于传统的线性笔记，应用非常广泛，可以有效地进行思维发散，产生创意，在短时间提炼和总结大量的信息，很好地辅助提升记忆力，也非常适合整理读书笔记，而且这种方法有利于整理思路，通过图表来增加视觉效果，让人一目了然。

第一步：准备好空白 A4 纸、铅笔、彩色笔（12 色水彩笔、12 色彩色铅笔、黑色勾线笔）、橡皮擦，然后按顺序标注一本书的章节标题，整理出自己认为重要的地方。

第二步：先在思维导图上写明基本信息（书名、作者、出版社等）；确立读书目的、深入思考目的；图中从中央向外延伸的所有分支用不同颜色表示；根据阅读目的、深入思考的目的，写出答案；写上读完书后的所感所悟。

③讲述法。即向别人讲述，将书中学到的知识转化到自己的生活中，形成自己的观点，与他人交流。小学教师的"教"就是最好的知识输出。有关调查表明，教的时候对知识的理解度高达90%。如何教呢？比如，和学习小组的成员相互学习，把学到的知识写到博客上，用作工作坊的主题，用作研讨会、进修的主题，写成书的底稿。

总之，"教"作为一种输出，是一种极好的学习方式。不过要注意的是，教师在输出信息的时候，要对自己输出的内容进行加工，使它变得越来越有魅力。这样，通过在不同的场合"教"，自己对这一内容的理解就会越来越深刻。诚如《整理的艺术》的作者所说："当我们输出某些信息后，可以把这些输出的信息再度输入，据此可以获得更多的输入信息。当我们想到一个好主意之后，它可能会给我们带来更多更好的主意。"

3.通过教育创新提升教学能力

创新是一个民族进步的灵魂，是素质教育的着眼点，是当代小学教师必须具备的专业素质之一，是卓越小学教师的必备能力。要成为卓越小学教师，一定要富有创造性，除了要善于吸收最新教育科研成果，将其积极地运用到教育、教学、管理等过程中，还要富有独创性的见解，能够发现行之有效的新的教学方法。

（1）创新及教学创新

创新作为理论概念，首先出现在经济研究领域。一般而言，它是指以新理念、新思维为导向，为满足社会需求或实现理想，创造新的产品、技术、功能、方法、服务、组织等。教育创新是指以新的教育理念、教育理想为引导，通过对教育体制、组织、教师、教学方法、教育内容、教育技术等的革新，有效地促进教育公平，提升教育品质，改善教育治理的创造性行动。

（2）教育创新的意义

首先，教育创新可以提升学生思维的开放性，可以改变学生的思维方式，使之从单一直接的简单模式发展到多方面、扩展的、间接性的综合模式，由此可以让学生成为一个充分展示自由、展示天性的传导体，进而激活其脑部的兴奋因子，让原来沉寂的细胞开始活跃起来，寻找新的突破口和新的彼岸，于是学生在奋力前进的过程中可以寻找更好、更快、更合适的动力和理论依据，促使他们不断地阔步前行。

其次，教育创新可以让小学教师的思维变得更开阔，让教育理论和教育思想变得更独特，让其教学手段变得更灵活。这样一来，就如同将学生置于汪洋大海中，让其靠着生存的意志和敏锐的判断力去寻求一切可以利用的方法，进而提升学生的能力。

最后，教育创新改变小学"教师说，学生记"的旧观念和学习方法，将学生推向自主学习的舞台上，让学生提问题，主动地学习。把"逼我学"的学习模式彻底推翻，变成"我要学"，让学生在提问并想办法解决问题的过程中找到成就感和满足感，激发了他们对新鲜事物的渴望和对已学知识的质疑及再学习的要求，进而让其找到各自需要的学习方法，产生学习兴趣，并加以深化和揣摩，变之为自己学习的工具，从而在将来的生活实践中找到自己的用武之地和生存价值。

（3）提升小学教师创新能力的策略

教育创新是对旧传统的变革，是为适应时代发展的需要而提出的，是以培养人的创新思维、创新精神和实践能力为价值取向的全面发展的教育的需要，而要做到教育创新，前提就是小学教师要具有创新思维，提升自己的创新能力。

①终身学习，不断追求。小学教师提升创新能力，首先要树立终身学习的观念，不断追求新知识，进而培养自己的创新意识。教育创新要求小学教师要有多方面的知识，不仅需要广博的科学文化基础知识、精深的专业知识，还要有多学科的专业知识，同时要及时掌握现代化教育教学技术和手段，并把它们运用到自己的教育教学实践中，为教育创新服务。小学教师掌握的知识越丰富，其知识结构越合理，就越能观察和发现新问题，越能适应教育创新的需要。如此一来，小学教师在不断吸收新知识、扩展教育视野的过程中，其教育创新的目标才得以达到。

②创新教学，提升创新能力。小学教师要提升创新能力，要想实现教育创新，就要改变教学方法，让教学达到"不教而教"的目的。小学教师要明确传统的教学方法的特点和不足，即一般采用启发式、情境式等，其目的仅仅是方便小学教师传授知识，让学生学会知识。这样的教学方法让学生处于被动接受

知识的状态中，无法培养学生的创新能力。教学生"会学"知识，教师要对学生进行学习方法的指导，要指导学生学会如何获取知识、巩固知识，指导他们如何创造性地将已有的知识应用到解决具体问题中去。

二、卓越小学教师的管理能力

随着时代的发展，小学教师面临着一系列的压力，其中就包括了管理方面的压力。这一压力要求小学教师具备相应的管理能力，成为"教学的行家，管理的专家，社会的活动家"。其实，杰出的管理能力可以让小学教师具备见微知著的敏锐性和思索未来的前驱性。借助于杰出的管理能力，小学教师方能培育出更多的人才。

（一）卓越小学教师管理能力的构成

部分小学教师片面地认为管理只是领导的事，教育教学才是小学教师自己的事。事实上，教育教学也需要管理，原因就在于小学教师的各项工作均需通过良好的管理才能得以完成。小学教师管理能力就是小学教师的认知、决策、组织协调、指导评价等多方面的能力的综合。这是现代小学教师综合素质不可缺少的重要方面，也是小学教师的关键能力之一。那么，小学教师的管理能力包括哪些内容呢？

1.课堂教学管理能力

任何一节课都离不开组织教学，小学教师能否把课堂教学组织好，直接影响到教学过程能否正常有序地进行、教学计划能否有效地实施。因此课堂教学管理能力是小学教师从事教学活动的重要能力，也是小学教师能否出色完成教学工作的关键。

课堂是学生掌握知识和形成能力的主阵地，如果小学教师的课堂教学管理能力差，就会出现课堂纪律混乱的情况，在这样的课堂上学习，学生无法掌握知识和形成能力。因此课堂教学管理能力是小学教师必备的管理能力之一，小学教师需要通过不断的实践活动，积累经验，掌握一些现代管理理论和管理策略，并将这些理论和策略内化，指导自己的实际行动。如此一来，才会有良好的课堂氛围，才能保证教学目标顺利完成，才能取得预期的教学效果。具体来说，小学教师的课堂教学管理能力包括以下几方面。

（1）课堂控制能力

课堂控制能力即组织学生完成教学任务的能力。组织教学贯穿课堂教学全程，要求小学教师有效控制课堂教学各个环节。组织教学的关键在于小学教师授课有常规要求，善于启发学生尤其是后进生自我约束，建立良好的课堂秩序，保证课堂教学正常有序。

青少年生理和心理的特点决定了学生尤其是后进生的注意力不易集中和不易长久保持，客观上要求小学教师采取灵活多变的教法，善于运用有意注意和无意注意相互转化的规律组织教学，将两种"注意"有机结合起来，调节和控制教与学的活动，促使学生尤其是后进生保持最佳的"注意"状态。

控制课堂形势要注意纠正两种倾向。一是追求课堂的表面平静。有的小学教师采取严厉的高压手段，迫使学生服从小学教师主观意志，非但达不到预期的教学效果，反而使学生处于思维呆滞的被动状态，产生极难消除的负面影响。二是追求课堂的表面繁荣。有的小学教师热衷于课堂表面的热闹，满足于"小学教师一呼，学生齐应"，这种现象常会传递给小学教师虚假的反馈信息，往往造就"南郭先生"式的学生。

（2）小学教师应变能力

课堂上有时会出现突发事件，干扰课前的教学设想，打乱原来制定的教学计划，使小学教师不能完全实施教案预定的操作，这就要求小学教师学会随机应变，果断处置突发事件。比如有的学生故意弄出滑稽的声响并扮鬼脸，惹得哄堂大笑，甚至教室里突然飞进的一个小昆虫或某个学生的文具盒突然掉在地上等，这些都经常会引起课堂秩序混乱，分散和转移学生注意力。此时，小学教师的应变能力就起到了作用。倘若小学教师具备足够的应变能力，根据当时情境淡化并排除干扰，就可以继续组织正常的教学。否则，将不仅导致本节课教学的失败，还会影响学生的学习热情，甚至使其形成逆反心理，给今后组织课堂教学造成不良的影响。

2.班集体的管理能力

班级管理对一所学校而言是非常重要的。要管理好一个班集体，就需要小学教师尤其是班主任具备管理能力。作为班级工作的领导者和组织者、学校管理工作的实施者，班主任的管理能力是其开展各项工作的条件和保证。具体来说，班主任的班级管理能力包括以下几方面内容。

（1）调查研究能力

在追求"使每一名学生都能成人成才"的现代教育目标大格局下，教师要想把一个班的学生教育好，就必须对班内每一名学生各方面的情况做深入细致的调查研究，了解每名学生的年龄特点、性格特点、生活环境、家庭情况等，根据不同情况采取不同方法进行教育，否则就会形成主观臆断、随心所欲、任意而为的管理风格。这样的管理不仅不能教育好学生，还会适得其反，把事情办得更糟。因此，透彻地了解学生、事无巨细的调查研究能力是班主任管理能力的一个重要内容。

这一能力的高低是小学教师能否成功地教育学生、管理班级的前提与关键，因为教师迅速及时地了解学生及班级情况，对开展下一步工作尤为重要。这就要求班主任具有敏锐的观察能力，要能从学生的细微表现中捕捉其思想感情的起伏变化，科学地预测问题的趋势，把问题解决在萌芽状态中。

（2）组织管理能力

小学教师要管理好班集体，就要清楚建设良好班集体必须遵循的基本规律。在班级管理中，小学教师在安排各项工作时要统筹兼顾，考虑问题要周密，如此才能使各项工作井井有条；要善于把学校的教育要求与本班的实际结合起来，制要明确具体、切实可行的目标，如此管理才能做到有的放矢；要善于培养学生自我教育、自我管理、自我服务的能力和精神，使学生真正发挥班级主人翁的作用——不仅要使学生的主体地位体现在知识获取上，还要在能力培养上充分发挥学生的主体地位，如此才能培养综合发展的人才。

（3）心理健康辅导能力

当今，学生心理问题出现的频度渐高，人们对学生的心理健康问题的关注越来越高。因此，小学教师的班级管理能力中就包括了对学生进行心理健康教育辅导的能力。小学教师的心理健康直接影响着学生的心理健康，只有心理健康的班主任才能培养出心理健康的学生。所以，为了使每一个学生身心都能健康发展，小学教师都要提升自己的心理健康辅导能力，同时提高自己的心理素质水平。

（4）组织协调能力

小学教师尤其是班主任是联系学校和社会、家庭的纽带，要协调好任课教师、家长、社会等各种教育力量，积极协调各方面才能使学生受益。因此，组织协调能力就成了班主任必不可少的能力。

如果班主任协调任课小学教师的能力强，可以让任课小学教师与班主任通力合作，团结一致，互通信息，加强了解，增进团结，从而让班主任获得任课小学教师的积极的意见与建议，形成一个以班主任为核心的目标统一的教育集体，进而提升教育效果。班主任与家长的沟通协调能力，决定了与家长良好关系的建立。良好的家校关系利于家校双方共同对学生实施教育，从而在根本上解决学生的问题。

3. 小学教师的自我管理能力

除了课堂管理和班级管理，小学教师对自身的管理能力也属于小学教师杰出的管理能力的一个重要内容。小学教师的自我管理能力对适应工作和增强立身处世的本领是很有裨益的。具体来说，小学教师的自我管理能力包括以下几个方面。

（1）自我认识能力

教育成败系于小学教师，小学教师的综合素质在相当大程度上决定着全校的教育水准，小学教师的优秀素质是优质教育的重要保证。因此，小学教师的自我管理是发展其强项和克服短板的关键。小学教师要做到自我管理，就需要清楚地认识自己，因此自我认识能力是自我管理能力的重要部分。

小学教师是思想独立的主体，是自身发展变化的根据。小学教师都有较高的学历，都经过专门机构的训练或者取得相应的职业许可，但教育教学实践中的多样性、情境性和不确定性很容易使小学教师"栽倒"在讲台，长期惰性、瞬间冲动、协作意识薄弱和沟通能力欠缺等问题也制约着小学教师教育水平的发挥，自高自大或妄自菲薄也会限制小学教师发展的空间。因此，小学教师要提升自我认识能力。小学教师只有提升了自我认识能力，才能以客观、全面和理性为原则，对自己进行评估，用优秀同事作为量化的尺度，对自身的学识、能力有基本判断，在形成自己的看法、听取旁人评判的前提下，对自己的现状有较为清晰的认知，进而找到较为合适的发展之路。

（2）自我教育能力

辩证唯物主义认为，内因是决定事物成败的关键因素，于个人成长来说也是如此。小学教师要提升自我管理能力，自我教育能力相当重要。当小学教师能够自我认识后，还要具备自我教育能力，才能提升自己。小学教师具备了自我教育能力后，就可以从自我发展的角度出发，探究所教学科的相关学问，研究人际关系，研究授业解惑的方法，关注新动向，观察细枝末节，在独立思考的基础上与他人交换思考结果，从而不断提高自己的敏捷性、灵活性、批判性、深刻性和创造性，为提升自己和发展学生奠定良好的基础。

（3）自我完善能力

每位小学教师都有自己的思想个性、行为习惯和教学风格，也有各自的弱项和行为惰性。小学教师之间不仅存在能力差异，个人素质也存在差异，即便最优秀的小学教师也会存在一些弱点，因此，小学教师自我完善能力相当重要。为克服弱点，小学教师需要不断提升自我完善能力和自我反省能力，经常对自身思想行为进行剖析检视，对自己的生活目标或工作目标进行反省，从而激发对目标的强烈追求，令思想更加活跃，行动更加有力，进而不断提升自己。

（二）卓越小学教师杰出管理能力的关键——表达能力

小学教师是学校群体的重要组成部分，是学校管理的客体，要受到学校管理制度、管理措施等方面的约束，更是学校管理的主体，是学校教育和教学管理的骨干力量，是学生工作的主要管理者。小学教师经常面对学生或学生集体，必须具备应有的管理能力，才能有效地开展教书育人工作。因此，杰出的管理能力是小学教师的关键能力，而小学教师杰出的管理能力还取决于小学教师出色的表达能力。

1. 表达能力的重要性

语言表达能力是现代人才必备的基本素质之一。在现代社会，由于经济的迅猛发展，人们的交往日益频繁，语言表达能力的重要性也日益增强。

（1）表达能力强弱影响人际交往

"良言一句三冬暖，恶语伤人六月寒"强调的就是表达能力对人际关系的影响。因此，表达能力在人际交往中发挥着重要的作用。在人际交往中，一句真实而充满善意的言语，可以帮助无助的人渡过难关；一句拙劣或不实的言语可以破坏人际关系。因此，现代人不仅要有新的思想和见解，还要在别人面前很好地表达出来；不仅要用自己的行为对社会做贡献，还要用自己的言语去感染、说服别人。

（2）表达能力影响职业发展

就职业而言，现代社会从事各行各业的人都需要口才。于政治家和外交家而言，口齿伶俐、能言善辩是其基本的素质；于商业工作者而言，表达能力强利于推销商品、招徕顾客；于企业家而言，表达能力影响着企业的经营管理。我们可以发现，在人们的日常交往中，具有出色的表达能力的人可以将平淡的话题讲得非常吸引人，而表达能力不好的人就算其所讲的话题内容很好，人们也听得索然无味。有些建议，表达能力好的人一说就通过了，而表达能力不好的人即使说很多次仍无法获得通过，这说明表达能力影响着职业发展。

2. 出色的表达能力的体现

在人的各种智力中，语言智力被列为第一种智力。事实表明：语言在人的一生中都占据着重要地位，是人们发展智力和社交能力的核心因素。再优秀的人，如果表达能力有缺陷，也会让人想要远离。那么，杰出的表达能力表现在哪些方面呢？

（1）懂得控制情绪

现实生活中，相当多的人平时与人交流都可以做到言语和气，显示出极好的风度仪态，一旦有愤怒或紧张情绪，其语言表达就出现了问题，或是急不择言而伤人，或是着急紧张而口不能言。这些情况均说明情绪影响了表达能力。相反，在那些表达能力好的人身上，我们可以发现一个突出的特点，就是他们懂得控制自己的情绪。

情商低的人，很容易被情绪控制。一旦在对话过程中，被情绪控制，人就容易偏离目标，从而引发争吵。而高情商的人在沟通过程中始终明确自己的目标，从来不会成为情绪的奴隶。

（2）能创造沟通的舒适感

创造对话的舒适感，一定要以互相尊重和换位思考为前提，只有设身处地地考虑对方的感受，才能消除别人的心理包袱，因为尊重和理解是最好的沟通工具。

3. 杰出的表达能力可以大幅提升教师的管理能力

表达即交往、互动，是一种反馈。小学教师的表达能力，是指小学教师把自己内化了的知识以能够传递给他人的形式来表现的能力。因此，小学教师的表达能力影响着小学教师的管理能力，具体体现在以下几方面。

（1）影响着学生的道德观念，进而影响着学生管理

小学教师的语言表达能力影响着学生的道德观念的形成。在日常生活中，小学教师与学生相处、沟通的时间远远多于其与家长共处的时间，所以小学教师见证了学生的成长，并潜移默化地影响着学生。小学教师与学生的交往主要是在言语中进行，当师生交往中存在大量负面的语言时，学生很容易受到消极的暗示。所以，小学教师在语言上如果缺少对学生的各方面关怀，就不会拉近与学生的距离，也不会产生心与心的交流和情感碰撞。有的小学教师在教学过

程中甚至恶语相加，使学生无法接受，学生自然会形成一种反抗的心态，从而做出过激的行为，并衍生出一系列道德问题。而小学教师的语言关怀会给学生带来温暖，在影响其道德观念形成的同时，接受了小学教师教学和日常生活中的语言关怀，将有助于学生进一步完成学业。

小学教师的语言在影响学生的道德观念形成的同时，也影响着学生的心理，影响了师生关系。由此可见，出色的表达能力在引导学生道德观念形成的同时，对小学教师管理也起到重要作用。

（2）影响教育效果，进而影响班级管理

语言是小学教师对学生进行教育的重要工具之一。因此，小学教师的表达能力影响着对学生的教育效果。心理学家皮亚杰（Piaget）的认知理论提示我们，不同时期的学生的心理成长和心理需要是不同的，需要小学教师在教学过程中不断优化，而语言作为施行教育的最大利器，更是其"利"断金。当小学教师以优美的语言加以鼓励时，学生会在心里不断暗示自己，从而将语言暗示转化为行动力，形成一种良性转化形式，促使自己更好地完成学业。在中小学阶段，学生的心智还在发育之时，小学教师对于学生语言上的刺激很可能使他们今后走上不同的道路。当小学教师对学生进行鼓励时，他们以乐观的心态面对生活，从而在学习上也能取得一定的进步。

小学教师在和学生的交流中，若能讲究表达艺术，不对学生指责、训斥，不嘲笑讥讽，而是善于运用语言艺术，教育、打动学生，就可以促进学生思考和沉静，进而提升对学生的教育效果。相反，不良的语言表达不仅不会提升教育效果，还适得其反。

（3）影响知识的传授和学生的学习，进而影响学生管理

一切学科的教学本质上应该从心智启迪开始，教学语言应当是引火线、冲击波和兴奋剂，要有撩人心智、激人思维的功效。可见，小学教师的语言对学生心智的发展和他们的世界观、人生观、价值观的树立都有着极大的影响。小学教师的语言应从心灵洞悉开始，因为意识反作用于物质，当学生的心灵得到滋养，心理趋于健康发展，他们的课业学习自然会走向良性。学生学习兴趣提升了，学习成绩好了，教师进行学生管理工作也就得心应手了。由此可见，表达能力影响着管理能力。

（三）提升卓越小学教师管理能力的路径

学校教育对象的可塑性、个别差异性，学校教育活动的目的性、有计划性

和有组织性，都决定了小学教师工作带有较多的管理成分。而出色的表达能力是一个人提高素质、开发潜力的主要途径，是一个人驾驭人生、改造生活、追求事业成功的无价之宝，是通往成功的必要途径。因此，表达能力是小学教师的关键能力，影响着其管理能力。小学教师要运用多种方法，科学提升自己的表达能力，训练自己的管理能力。

1. 提升表达能力

长久以来，人们总是以为语言只是一种沟通工具，必须要熟练地掌握它、使用它。实际上，这种认识仅仅是从语言的交际功能出发的。从语言和"说话人"的关系这层意思来看，语言是个"多媒体"，既可作为工具，也是心智能力的一种反映。例如，同样是说话，同样要表达一种意思，有的人妙语连珠，而有的人却词不达意，这就是心智能力的差异。假如一个人其他方面能力很优秀，同时其语商也在逐步提高，此人一定会更优秀。相反，一个人在其他方面比较优秀，但语商不高，且不注重提升自己的语商，那么就直接影响其能力的发挥。小学教师的工作离不开语商，其高低影响着教育和教学的效果，间接影响着育人的效果。

小学教师要注意提升自己的语商，说话时用语准确，修辞得体，语音优美，这样工作起来就会更加游刃有余，从而更好地发挥对学生的教育、引导作用。

（1）提升口语表达能力

语言能力并不是与生俱来的，而是人们通过后天学习获得的技能，但也有因遗传基因或脑部构造异常而存在着语能优势或语能残缺。在现实生活中，由于每个人的主客观条件、花费时间和学习需求的不同，获得语商的快慢和效率也是不同的。这表明人的语商倘若采用科学的方法加以训练，是可以提升的。因此，小学教师可以加强口语能力，完善自己的普通话，形成良好的口语表达能力，从而达到让语言表达能力辅助管理工作、提升管理能力的作用。

小学教师要练就出色的口语表达能力，就要有目的性、有针对性地练。话音不标准的，可以听广播，听着录音，一字一字地去练。练完后，再录成录音，放出来反复比较，时间长了，就会有收获的。小学教师在教学过程中也要逐步训练良好的现场应变能力和口语应变能力，抓住一切培训的机会，真正做到口语标准化。此外，小学教师还要注重提升自我素质，完善普通话，尤其是处于各方言区及少数民族地区的小学教师，更要自觉训练自己的普通话，从而提升口语表达能力。

（2）加强阅读

小学教师要提高自己的口语表达能力，还要注意多角度、多方式提升自己的修养，加强知识储备。一名小学教师有足够的知识底蕴，才能真正表达出自己的想法。而加强自我修养的重要举措就是进行大量阅读，阅读与本专业相关书籍、教育技能相关书籍等，才能更好地发现自己在教育教学中的不足，并有针对性地提升自己的教育能力和语言水平。当小学教师的知识视野比学校教学大纲宽泛得多的时候，才有可能成为教育过程中的真正能手、艺术家和诗人。

（3）讲课时要尽量脱离讲义

小学教师为了提升口语表达能力，可以借助备课来训练自己。小学教师在备课时要最大限度地熟悉教材，课堂教学时，应尽量少看教案，以此训练自己的表达能力。

2.提升自我管理能力

小学教师是学生的楷模，因此，小学教师提升自我管理能力，实际上也是在以身作则，发挥言传身教的功能。

（1）自觉规范自己的行为

小学教师的行为表达着情感，学生从小学教师行为中接受着情感的熏染和启迪。这是因为教育是人与人心灵上的相互接触，小学教师所表现出的道德面貌既是学生认识社会、认识问题、认识人与人关系的一面镜子，也是学生道德品质提升的最直观、最生动的榜样。因此，小学教师自觉规范自己的行为，就可以对学生起到示范作用，进而达到育人的目的。

（2）注重仪容着装

小学教师要发挥身教功能，还要注意自己的仪表服饰。庄重、大方、整洁、朴素的着装，可以体现出小学教师的职业特点与美感，容易引起学生的敬爱之情，可以树立小学教师的威信和尊严。相反，小学教师衣着过分鲜艳、华丽或过分邋遢，则会影响小学教师的形象，减弱小学教师在学生心目中的威信，进而不利于引导学生认识美，培养学生的审美情趣，发挥美育功能。

（3）善于反思，正确对待自己的错误

小学教师对待错误的态度也对学生产生身教的作用。小学教师要认识到，自己的威信和尊严不是自封的，而是通过教书育人的实践逐步树立起来的。因此，小学教师在对学生进行教育时，要把学生和自己放在平等的位置上，要讲清道理，以理服人，不要大动肝火，更不能挖苦和体罚学生。一旦自己有过失，要敢于承认，有错必改，在取得学生的谅解和信任的同时，以自己勇于认错的态度教育学生正确对待错误。

（4）加强学习，培养自主学习意识

小学教师必须要修品练功，树立良好的小学教师形象。正所谓"桃李不言，下自成蹊"，小学教师是学生的榜样，因此必须努力学习，提高自我修养，做好学生的楷模。小学教师要重视修品练功，以自己的人格魅力、学术魅力和工作魅力吸引学生，起到良好的示范作用。小学教师要不断地学习，用模范小学教师的行为感染自己，用法规政策约束自己，用新的教育理念提高自己，如此才能做到以身立教，以自己人格的魅力感染学生，使学生主动学习，乐于学习进而引导学生做人和发展。

3.成功发挥课堂教学的育人功能

课堂教学管理能力是小学教师教学中的一项综合能力，是小学教师基本素质的集中体现。它是学校保证教学质量的前提，也是培养更多合格学生的关键。因此，小学教师要提升自己的课堂教学管理能力，不仅要有一颗热爱学生的心，还要注意运用一些小技巧，以提升自己的这项能力。

（1）在教学环节上巧动心思

比如设计有趣的开场白，为师生的有效沟通打开一道门。小学教师不妨采用激趣、悬念、故事等方式设计开场白，从而激发学生的兴趣，拉近师生关系，进而提升课堂教学的管理能力。教师可以合理调控课堂教学时间，适时解除学生疲劳，借助幽默、轻松活跃的语言、语气和活动集中学生注意力，适时给学生心理和情绪上的提醒。巧妙设计问题，以疑问的方式贯穿于课堂，既培养了学生的阅读能力、独立思考的能力、小组交流与合作的能力、归纳与口头表达的能力等，又引发了学生探究知识的欲望，培养了学生的学习兴趣，使课堂气氛活跃起来。

（2）提升课堂教学的管理能力

小学教师要能敏锐地觉察课堂上学生的情绪，并且在教学中建立疏通、宣泄的管道，且不忽视学生情绪的变化。此外，教师对情节严重的冲突或者可能会扩大对立面的矛盾事件要果断处理。即使在状况不明、是非不清的时候，也应即时采取降温、冷却的手段，并且在了解情况后，立刻采用妥善、有效的策略化解课堂上出现的冲突。

（3）科学公正地管理课堂教学

小学教师要摆正自己的位置，心中时刻装着学生。在认真听取某位学生发言的同时，目光要时不时地扫视全班，让每一个学生都意识到老师此时此刻正在关心着自己，从而保证课堂纪律处于良好状态。小学教师要让学生参与进课堂，激活学生的主动性。在课堂讨论环节，教师要让学生去自主讨论，而不要怕影响教学进度，因为学生从一个细节中收获的成长有时甚至大于对一节课的硬性理解。当学生的答案存在分歧的时候，小学教师要让他们讨论，明确认识到这样做的价值，即通过争论，学生明辨了是非，不仅知其然更知其所以然。

第三节　卓越小学教师的个性化发展

一、卓越小学教师个性化发展要点

个性不仅指一个人的外在表现，更指一个人的真实自我。小学教师的个性化发展，关乎小学教师个体倾向性的需要、动机、兴趣、理想、信念、世界观，以及专注于自我的认识、体验和监控等。

（一）扬长发展

涉及个性化，如果不能充分认识自我，要想发展很难。谈发展，必须先谈条件，只有对影响发展的方方面面的正能量、负能量有所了解，只有真正找到了属于自我的种子能量，才能找到切入点，才可以真正大发展。

个性发展更多地会思考自我潜能的力量，而后调动所有利于自我成长的因素。关键在于小学教师要真正找到专属于自我的能量种子，一切的个性发展才有可能。

发展短板不如发展"长板"，以短板发展为辅、"长板"发展为主，成长更快。尺有所短，寸有所长。认识自我、发展自我才可称作真正的本事。从专属于自我的更多东西中挑选出极富能量的种子，小学教师才有大发展的可能。每一个小学教师，身上都有无数的能量种子，只要得到有效的开发，都可以促其成长。但哪怕有千万颗能量种子，优质的也不过1～2粒。这说明，全面发展与优质发展之间存在距离。将有限的能量用于最有潜能的能量种子之上，是无数成功小学教师的方法。利于身心健康的个性，利于教育发展的个性，在每个人身上都不同程度地潜藏着，都以不同的形式存在着。勇于发现它、挖掘它，并运用自我的环境正向发展它，才是小学教师之所以为师的正途。

扬长发展可从以下几点做起：

（1）认识自己，确定努力方向

正确认识自己的体质状况、兴趣爱好及潜力所在，之后悦纳自己，重扬长而轻补短，先扬长而后补短，并为此制订目标，逐步发展。

一位小学教师在教育思想匮乏时是最缺少主见的，也容易产生偏见。教育领域里的盲目跟风和追风最可怕。不注意开发自己的"长板"，致使很多小学教师哪怕勤学苦练，也没有达到一个新的高度。找对方向，才不会南辕北辙，即使成功很慢，但终究会成功。

（2）明确目标，发展"长板"

有人做过这样的试验：要求一组人站在墙壁旁用力向上跳，将其在墙上留下的手印做上记号，再将每个人原先摸的高度提高15%画一条目标线，再试跳一次，结果每一个人都可以超过画在墙上的目标线。这说明目标可以激发潜能，使自己在发展中得到满足。目标分为长期、中期和近期目标。长期目标可以是一个五年规划，也可以是一个全局的安排。自己的"长板"，在一个五年中应该能够得到充足的发展。中期目标可以是一年或一期的规划，按照习惯养成的21天规律，认真实施，也能见到成效。近期目标可以是一周或一月的目标。万事开头难，起始阶段比较艰苦。既要在紧张的工作之余抽出时间发展自己的"长板"，又要面临发展初期效果不明显的局面。但是，持之以恒，就能见到梦想的曙光。

（3）勤于总结，更新路径

在扬长发展的过程中，要适时地停下来，围绕自己的目标和规划，全面审视反省，如发现偏离目标、路径不对、走得艰苦等原因，及时矫正，确保扬长发展更实在，享受到发展的成就感和幸福感。

（二）抱团发展

现代社会是互利共赢的共同体，人与人功能互补。学校就像一台机器，每位小学教师如同零件，只有相互配合并着力发挥自己的作用才可让机器正常运转。很多小学教师由于多年身处相互内耗拆台的团队，几乎没有发展，导致失落、倦怠。改变自我，须内外兼修。"物以类聚，人以群分。"掌握抱团发展的规律，只有找到适合自我的团队并营造之，才会达到把教育当作事业来做的目标。

抱团发展属于小学教师个性化发展的外力,是获得更多成就的新方式,正逐渐成为信息开放时代的主动模式。此模式能打破地域的限制,使只要带有共同目标的人都可能走到一起,相互支撑和促进,以求发展的最大化。抱团发展是智能互补的创新模式,能让同路人思维碰撞,让更多问题因多人承揽而简单化,让个人无法做的事能快速解决。

"孤雁飞咫尺,群雁翔万里。"抱团发展是个性化发展的有效模式,思想开放为其前提,如与扬长发展相得益彰,犹如一车两轮,共载小学教师发展。

个性化发展需要相应的物化效果给予证明,但成果的取得除了源于自我的强大本能的力量,更需要外力助推。而抱团发展,寻求与他人进行有效的合作,在合作中扬长避短,从而形成自我成长的合力,产生更大的成长威力。以执着、进取、激情、不放弃的姿态,积极参加到校外团队或成长共同体中来,可以开阔视野,获取应有的资源和机遇,全力地发展自我。

抱团发展可从以下几点做起:

(1) 寻找适合自己的团队

大雁本能地知道合作的价值。科学家曾在风洞实验中发现成群的大雁以 V 字形飞行比一只大雁单独飞行能多飞 12% 的路程。人类也是这样。小学教师要进步、要成长,应该找到属于自己的团队,在组织中汲取充足的养分,尽快成长起来。目前的教育团队有很多都是蓬勃发展的,势头良好。

(2) 凝心聚力抱团发展

一滴滴水只有融入大海才能拥有非凡的力量;一颗颗沙砾凝结在一起,才有了伟岸的身躯;单独的个体融入团队才具有拔节生长的生命力。在小学教师个性化发展计划中,拜一位名师,找到并加入适合自己的团队,对事业的成功是必不可少的。一个人的力量有限,团队的力量是无穷的。加入适合自己的教育团队,学会"借力"和"助力",1+1>2,小学教师的人生就会因此而丰盈、精彩。

(3) 在团队里要能动和会动

在抱团发展中,要敢于行动,多投入精力,不畏难,不怕失败,积极参加团队的每一次活动,精益求精地完成团队的活动计划,同时,善于总结和反省,让自己的发展更有力,更能在团队中立足和融入团队,从而让自己的"长板"更长。

二、卓越小学教师个性化发展要提升内驱力

内驱力是驱使个体产生一定行为的内部力量。更多小学教师的前行习惯于第一内驱力的强烈要求,尽管自我的需要无法得到满足,却少有小学教师去思考自己是否已经尽力在工作,自然也就少有值得认可的成就促使第二内驱力的激发。自我需要没有得到满足,身心健康与个性发展就始终处于非良性循环阶段。

(一)认知发展结构

生活中有些东西内部腐败是因为外部环境遭到破坏。小学教师个体也受到一个外部如壳状的保护,当外部环境改变时,其内部环境也会受到影响。就是说其内驱力的外部环境受到破坏的同时,其内驱力也会快速下降,再也无法保证不质变。对于小学教师来说,激活自我内驱力的外部环境受到破坏时,就别谈身心及个性的发展了。

影响小学教师自身发展的因素,不管是内驱力的内部或外部都是客观存在的。诸如,对教育职场优质环境氛围的追求,对专业价值的认定,以及对职务与地位权力的渴求,这些都直接影响每位小学教师的行动。在身心及个性发展中,习惯强度的增大不是因为外力的强化而是因为机体内驱力的满足,小学教师就容易在这样的发展中得到满足,反过来会使内驱力得到更多的激发,从而以更大的力量走在发展的路途中。

只有真正把握好驱使自我行动的内部力量,并促其成为一个强大的动力系统,即使外部环境有一定的变化,也不会让小学教师因此受到影响,往往还能在教育教学过程中进行自我调节并创造良好的环境,以让动力维持下去,这样才可真正超越自我。美国教育专家奥苏贝尔对成就动机颇有研究,他认为成就动机主要由三方面的驱动力组成:自我增强驱力、认知驱力和附属内驱力。认知驱力,就是指小学教师对教育新知的渴望、理解和掌握,以及陈述和解决教育教学中问题的倾向,即一种教育学习求知的需要。动机是引发小学教师进行再学习的原因,但更多的则源于学习对自我教育的影响。小学教师自我内驱力的提高源于通过自身的努力胜任教育教学工作并取得学生、家长及社会认可的成就,获得相应的社会地位,它同时也会成为小学教师的附属内驱力。它与认知内驱力的区别在于:认知内驱力指向于知识本身,以获得教育教学知识和理念为满足;自我提高的附属内驱力指向的是小学教师的社会地位,它以赢得一

定的地位为满足。

不管带着何种目的与动机，只要是有效发展自我的综合素质就行。内驱力缺失，会丧失上进之心，自然也就没有抱团发展的兴奋，这就是整体无发展意识，以至于出现整体性素质不高的现状，只能进一步反映推动小学教师发展的刺激要么不强烈，力度不够，要么目标不明确，导致内耗多次发生。诸如内驱力被外部环境所掩盖，本想调动认识内驱力，朝向专家级小学教师奋进，却又害怕别人指责好高骛远；本想调动自我增强内驱力，取得相应的成就，赢得一定的社会地位，却又害怕别人指责自不量力；本想调动附属内驱力，取得一定荣誉和认可，又担心评价不公。这无数的原因都可能使留存在每一位小学教师心中的星星之火还没有被点燃就被自我的一盆水浇灭了。每一个小学教师其实最需要的是认准自己的路，尽量不受外部环境的影响而扬长发展。

内驱力是在需要的基础上产生的一种内部唤醒状态或紧张状态，表现为推动个体活动以达到满足需要的内部动力。其内涵可以概括为：由内部或外部刺激唤起，并驱使个体去从事某项活动。小学教师置身其中，越平庸越感觉无发展力，对职业越没有好感，就越会感觉教育生涯无意义。三大内驱力的激发，哪怕有一种原始的冲动被调动起来，都有可能在某一方面获得站立的支点，会被小学教师认可，若自我增强驱力、认知驱力和附属内驱力这三大内驱力没有任何一个被点燃，结果便只能是平庸一生。

调动自我内驱力，给予自我强烈的需求欲望，决定权在自我。小学教师自我的内驱力被激发，才会产生积极的教育行动，敢于做出更多为了发展的创新举动。在小学教师内驱力的提升中，在朝向预定目标前行时，小学教师往往会主动地激活内驱力，主动地学习和提高，而当成就外显时自会获得外部的认可，又会帮助内驱力的深层次提升。每位小学教师都是一座能量工厂，关键在于有效开发。能立足于自我增强驱力、认知驱力和附属内驱力这三大板块剖析自我，而后提出奋斗目标，明白自己在个性发展中将要成为一个什么样的小学教师，然后进一步分析促使自我上进的动机，以正确防范内驱力空耗。说到底，小学教师必须加强动机的调配。调配好动机才更利于内驱力的唤醒。探讨内驱力，其实质在于更进一步看透小学教师的奋斗方向是什么、将如何奋斗等。研究曾经提出：锁定15年成为一名出色的小学教师。奋斗15年，哪怕设定的目标在当初感觉几乎不可能，最后也能通过努力达成，这其实就是目标唤醒内驱力的作用。不同年龄的小学教师其内驱力不同，但只要有建功立业的思想,甚至是事关功利性的思考,也比甘于平庸而与世无争强,至少可以让内驱力处于觉醒状态,还可能向高层次转化。小学教师只要设定奋斗目标,勇往直前,当取得可观成绩时,就可说内驱力已经被激发或正在被激发。

充分调动自我内驱力可从以下几点做起:

(1) 志存高远,唤醒自主发展的意识

提升自我并不是一定要在正规的训练场和一个较高的平台才行,社会处处都是进步的阶梯。小学教师的个性发展出自内驱力,外部环境也会起作用,但小学教师应该摆脱这种依赖和束缚。目前多数小学教师都过分依赖外界动因:比如学校及领导的要求,行政化培训,寄希望于学校、朋友、家人的帮助……须知外部动因是可变的,如果内驱力够强并且整合资源的能力也高,小学教师就可以借助外力而不是依赖外力,即使外力发生变化,小学教师一样能得到发展。

(2) 自我培养,一步一个台阶向前攀登

目标非常重要,它可让你不迷航,使生命在有限的时空内冲破极限并最大限度地释放能量。选择好自我的发展路线,比如是教书育人方向还是行政管理,然后再确立发展层级目标,如短期目标(学期、学年)、中期目标、长期目标,再根据目标制定行动方案与个人专业发展规划。

达到目标,不断体验成功,在成功的过程中进取,在获得的过程中提高,在提高的过程中让内驱力逐渐强大。其实每个人都有不同的优势,自己应根据自我不同能力、性格、经验等,找到适中目标、易于实现的近期目标,使自己产生成功感,从而增强自信心。

小学教师更需要拥有自我超越的意识。有人说:"鸡蛋从外打破,是食物;从内打破,是生命。人生,从外打破,是压力;从内打破,是成长。"小学教师就要敢于从内打破,主动去研究教育,研究自我,在实践中历练,实现最想实现的愿望。小学教师自己培养自己,要的是耐力,要的是恒心,要的是坚守,要的是对自我的肯定,要的是对教育的忠诚。当小学教师获得逐步成长、实现自我超越时会增强成就感,那么小学教师的内驱力也会得到提升,在以后的教育之路上小学教师就会走得更坚实。

(二)跨越式发展

1. 跨越式发展的内涵

跨越式发展,是一种充分调动内驱力,跨过中间层级目标直奔最高层级的跳跃发展方式，能获得突破性进展，是落后者对先行者走过的路超常规的赶超行为。既然是"超常规"，它就不是单纯地加速。当全面了解内驱力认知结构、反思走过的道路、认识自我现实发展状况后，才能提出跨越式发展战略。它必然突破传统功利化单纯追求"速度型"增长，避免人生发展中的短期行为，以及"单项突进"的发展模式，而追求一种速度与效率并重，当前发展与长远发展兼顾的模式。

跨越式发展是用尽可能短的时间达到目标的高水平快速发展，是在能力与素质进步的推动下实现教育、教学、教研的新跨越，是赶超先进的发展，即小学教师在提高自我综合竞争力的前提下缩小与优秀小学教师的差距，甚至赶上和超过教育专家或学者在某领域的水准。提升素质，特别应注意跨越式发展不仅是一种超常规的发展，也是一种非均衡的发展，即它不是全面、平行地推进，而是充分发挥某一方面的潜能，有所侧重，从而实现可持续发展，致使职业生涯始终充满生机和活力。

跨越式发展关键是避免遭受矛盾所产生的巨大破坏作用，不是避开矛盾而是直面矛盾，从矛盾中突围。加速提升综合素质，充分体现主观能动性以推动发展，降低矛盾的尖锐程度和负面作用，最大限度避免破坏环节，从而使自我发展进步的过程更加合理便捷。

每一位小学教师的职业生命是非常有限的，哪怕有无穷的生命力，有非常强大的内驱力，如果没有跨越式发展的经历，则会带给人生遗憾，甚至结局比平庸一生更坏。小学教师必须实现跨越式发展，即在短暂的时间内，综合素质有明显提升，必须找到给予自我发展的证明，必须给予应有的荣誉与认定。

跨越式发展是自我个性优先发展，是先发展带动后发展。现实是更多小学教师总是带着仰望的姿态看待教育专家、名师，对他们产生浓厚的好奇心，对其某一方面的教育理念和教育技巧有特别的兴趣，以实用为目的而模仿，而自己也由此形成了一种发展定势。这种模仿从一开始就已经落后于专家和名师们，最多只能与之形成平行式的距离，而没有跨越式发展。

真要实现小学教师人生的跨越式发展，必须是速度与效率的统一，促进教育得到新的改良，带来全新的效果，全面协调原有的发展结构，从而实现可持续发展。跨越式发展专属于个人，他人无法复制，但其发展也并不是解决教育的全部问题，更多地是结合自身优势，在具备发展条件的重点领域重点突破。

2. 实现跨越式发展的路径

实现跨越式发展可从以下几点做起：

（1）解放思想、更新观念

思想观念问题仍是制约小学教师不敢有所作为的主要原因。思想是行动的先导，观念是发展的开关。在新课改的背景下，要实现人生的跨越式发展，必须首先从解放思想、更新观念入手，牢固树立"跨越式发展我能行"的强烈发展意识。当然，也要破除"小进即满"的意识，有勇攀高峰的勇气，树立做教育家的胆识和气魄。破除等待观望、墨守成规的守旧观念，牢固树立强烈的机遇意识。这要求小学教师要破除夸夸其谈、坐而论道的形式主义，牢固树立强烈的实干意识，艰苦奋斗，奋发有为。

（2）学会抢抓机遇

机遇是一笔战略资源，好机遇胜过一大堆计划。抓住机遇贵在"抢"。好的机遇稍纵即逝。小学教师只有以只争朝夕的精神，抢抓新一轮发展机遇，才可能永立教育的潮头。在跨越式发展中，必须突出一个"敢"字，敢于创新，勇于开拓；立足一个"早"字，早做准备，早做规划；追求一个"快"字，面对机遇，要及时抓住，快速出手。

（3）全力实现干事创业的梦想

要干事创业，必须保持良好的精神状态。如何借鉴他人的经验进一步明确发展的思路至关重要。关键在于保持和发扬奋发有为、昂扬向上的精神状态——精神的力量是巨大的。实现教育之梦，要善于将"梦"细化成一个个具体的目标去完成。比如管建刚老师在探索作文教学时，就能从作文教学革命的"骨构系统"、动力系统、助力系统、保障系统、训练系统、理论系统方面着力，逐步凝成他的作文教学风格，并最终提升学生的作文素质。不难想象，管建刚老师在追逐自己梦想的路上付出很多努力，吃了不少苦头，但他坚持了下来，实现了他的教育梦。

三、卓越小学教师个性化发展要打造外环境

外环境依然是影响小学教师身心健康和个性发展的重要因素。外环境是指存在于个体之外不能控制但对个体发展产生影响的外部因素的总和。对每一位小学教师的专业成长而言，个人身心以外的环境因素都无法有效控制，但它的影响不可忽视，如能积极、及时、有效并富有创新地沟通和预防，同时借助外

部环境的力量，便能有效地减少前行中的阻力，带来更多的发展机遇。

外部环境分为宏观环境和微观环境。宏观环境是对生存产生影响的环境因素，大致可以分为待遇报酬、教育法规、教育文化和教育技术等；微观环境是直接影响其竞争行动与反应的一组因素，如与竞争者和合作者之间的关系。必须结合自身综合素质的发展分析外部环境，为我所用。必须对此加以组合，才会形成自己的战斗力。分析外部环境，重点是识别和评价超出自我控制能力的外部发展趋势与事件，并将其中利于自我专业成长的资源区分出来，支撑成长，尽可能避开不利因素。小学教师还必须兼顾自己的个性发展，对外部环境的未来变化做出正确的预见并趋利避害。

（一）外环境对卓越小学教师个性化发展的影响

影响一个人发展的因素中，大家对外部环境的考虑更多，认为它是内驱力发展的先决条件，一切自我素质提升的目的都是为了外部环境的改善，或对外部环境的重新选择，为的是获得素质提升的证明。比如，良好的工作环境、更高的报酬等是激励人们向前的动力。

综合分析教育大环境以及影响个人发展的小环境，剔除其中对自我教育发展的威胁，从中找到与自我教育实践最佳的契合方式，有助于自我教育价值的有效和快速达成。面对复杂的外部环境，小学教师唯有主动出击，避免常有随意性、盲目从众的现象出现，让环境为我所用而不是被环境牵制。

宏观外环境的影响源于政治力量、经济力量、社会力量和技术力量，这些是推动或制约一个小学教师激发内驱力达到目标的重要因素。但这些因素对绝大多数小学教师都尚未被开发利用为支撑力量。如果逃避，不能解决自己发展的问题，最好是主动迎接挑战，利用它改善自我先天不足——这绝对不是机会主义或功利主义，而是为了获得个人的大发展。

外环境诸因素对不同小学教师的影响程度不同。为使个人的发展适应外环境，必须能分析和确认环境状况，悟透其复杂性、动荡程度或稳定性。随着时代的发展，外环境越来越复杂，小学教师所能做的就是全面考量自我现状，之后全盘分析外环境，尤其是身边同行的情况。成竹在胸，出击才有底气，才能推动自己主动积极地向前发展。必须前瞻性地思考外环境可能会发生的变化以及变化的趋势，从而游刃有余地把控它。如此，小学教师才不会在多变的外环境面前束手无策，不会失去个性发展的战斗力。

小学教师的直接环境首先是学校，包括他成长的舞台、拓展的空间等。但这只是外环境中的小环境。如果想要大发展，必须跳出小环境，进入大环境。环境有多大，发展才会有多大。

提升外环境的分析能力，而后提高机遇期的把握能力，这是当下小学教师应该补上的一课。机遇期关键在于把握发展的层级，发展的层级上升，对机遇期的把握力也应随之上升。反之，把握力上升，发展层级也会上升。影响人生的重要机遇期并不多见，但它却牵扯人的一生。一个重要的机遇，其实是对外环境适应能力的综合检验，把握住第一个发展的机遇期往往才会有第二个，而后如此延续。

对外环境的分析，需要小学教师拥有战略眼光。除了拥有强大的内功素质，更需要有对教育大小环境分析与策划的能力，尤其是能对显著影响自我发展的外部事件及趋势了解，找出有用的剔除无用的。小学教师的教育外环境其实是无尽的资源，又如双刃剑，善用者利己，反之害己害人。

（二）卓越小学教师个性化发展对外环境的抉择

外环境的有效开发和利用是跨越式发展的最佳方式，能让你有成就感。绝大多数小学教师都是从零开始，从努力拓展自我的外环境开始，在对外环境的抉择中使自我的才干与智慧极限发挥。一个人事业上的成功只有15%是由于他的专业技术，另外的85%要依赖人际关系、处世技巧，只不过在我们看来，85%影响成功的因素依然是人们努力习得的结果，其敢于借助外力而不断前行的结果。

外环境的开发依然是机遇与威胁并存，需要小学教师在发展自我专业素质的同时，挤出一定的时间与精力，关注影响自我获取成就的重要因素。可能我们平素用85%的时间在努力工作，而打造外环境的精力几乎没有达到15%，成功的总体概率只在2%左右。如果再放大到小学教师人群，只有15%左右的小学教师关注外环境，当然也只有2%左右最终获得成功。提高成功的概率，构建开发外环境的意识，习惯性地给予大、小环境评估，确认环境的影响，同时鉴别出关键的竞争力量、竞争地位和主要的机会与威胁，静中观察，动中运筹，自我追求才真可能变成现实。

对外环境进行正确抉择可从以下几点做起：

（1）用职业生涯目标为潜能发展指明方向

小学教师的职业生涯规划也是专业形象设计，一般有三个重要领域：

①小学教师专业精神形象的设计。其核心是教育思想或教育观念。小学教

师要回答自己将要确立以及如何确立自己的观点，即小学教师的信念。有明确的专业形象设计才有真正属于自己的发展方向，在面对外环境时才不会束手无策，才会真正利用适合自己的因素，并从中获益。即使是恶劣的外环境，也能从中挑出助力自己发展的因子来。

②小学教师专业生存方式的设计。专业生存方式的核心是教育行为方式或教育场景中的活动方式。小学教师规划要回答将要形成怎样的以及如何形成这样的小学教师的教育风格，如何形成自己的个性化教育行为方式。

③小学教师专业发展目标的设计。专业发展目标是小学教师生涯规划不可或缺的内容。以远期目标为前提导向，制订短期的具体目标，采取小步快走的原则，点滴积累，最终实现大目标。

（2）有计划地改善

对小学教师而言，封闭的环境始终是开放环境的基础。赢得开放的环境，就需要先在封闭的环境里运行，进行有计划的改善。人生可能涉及多个计划，几乎都是呈阶梯状态的，不可能迈过前面的阶段而直接进入后面的计划。每个小学教师都是独立的个体，必须有计划地实施自我的计划。

绝对没有独立于人之外而有意义的环境。常言道："计划赶不上变化。"小学教师在执行自我计划的同时，完全有必要考虑外环境的变化，以从中做出更精准的抉择，让发展更有力。

参考文献

[1] 崔文峰.核心素养怎么看怎么办[M].天津：天津教育出版社，2019.

[2] 喻红.卓越培养：卓越教师人才培养理论与实践研究[M].长春：吉林人民出版社，2019.

[3] 王萍.卓越小学全科教师教育培养计划与策略[M].北京：中国国际广播出版社，2018.

[4] 刘桂影.卓越教师培养研究：以小学全科教师培养为例[M].北京：中国社会科学出版社，2018.

[5] 王贞惠，刘晓玲.小学教师专业能力训练[M].成都：西南交通大学出版社，2018.

[6] 刘树仁.卓越小学教师培养的研究与实践[M].长春：东北师范大学出版社，2017.

[7] 甘俊.小学教师专业能力提升途径[M].沈阳：白山出版社，2015.

[8] 李玉华.小学教师专业发展概论[M].北京：人民教育出版社，2015.

[9] 庞昊.卓越小学教师核心素养体系构建及培养对策研究[D].大连：大连大学，2019：37—43.

[10] 王家骏.卓越小学教师的培养路径研究[D].徐州：江苏师范大学，2018：53—65.

[11] 李佳.我国高校卓越小学教师培养模式研究[D].烟台：鲁东大学，2016：35—43.

[12] 黄晔，杨馥瑜.卓越小学教师核心素养体系构建研究[J].读与写，2021，18（31）：33—34.

[13] 任晨露，王华.卓越小学教师成长案例研究[J].山海经（教育前沿），2021（32）：

114，117.

[14] 崔友兴，彭桂芳.职前卓越小学教师职业认同的现状调查研究 [J].海南师范大学学报（社会科学版），2021，34（2）：58—65.

[15] 闫龙，李群.卓越小学教师：培养实践教学质量监控与评价体系建设探索 [J].合肥师范学院学报，2021，39（2）：85—88.

[16] 邢少雅.关于卓越小学教师之师德 [J].读天下（综合），2021（1）：188.

[17] 董俐，郑佳宜.卓越小学教师职后专业成长路径 [J].山海经（教育前沿），2021（25）：340—341.

[18] 杨倬东.卓越教师培养视角下小学教育专业教师教育课程改革研究 [J].新一代（理论版），2021（1）：176，248.

[19] 薛微微.基于卓越教师视角下的小学全科教师培养问题研究 [J].黑河学刊，2021（1）：92—94，102.

[20] 罗军兵.卓越小学教师实践能力培养研究——以H高校"行知班"为例 [J].当代教师教育，2021，14（1）：66—71.

[21] 谢山莉.卓越小学全科教师内涵意蕴、价值诉求与素质结构探析——基于课程整合的视角 [J].教育观察，2021，10（19）：62—64.

[22] 周秋华，洪瑶琪.卓越小学教师培养探索与实践 [J].豫章师范学院学报，2020，35（1）：41—46.

[23] 李晶，绳欣月.卓越小学教师职前高效培养的价值探究 [J].智力，2020（17）：33—34.

[24] 宁金平，安龙.特级教师专业成长对卓越小学教师培养的启示 [J].咸阳师范学院学报，2020，35（6）：103—106.

[25] 闫龙，李群.卓越小学教师"三位一体"协同培养实践教学机制建设探索——以安徽省为例 [J].淮南师范学院学报，2020，22（3）：133—138.

[26] 任红娟.基于"临床实践"的卓越小学教师培养的探索与实践——以淮阴师范学院为例 [J].教学管理与教育研究，2020（19）：112—113.

[27] 于莹.核心素养视域下卓越小学教师实践性知识培养策略 [J].林区教学，2019（4）：29—31.

[28] 陈莹.卓越小学教师成长策略研究——以长沙雨花区部分卓越教师为例 [J].教师，2020（10）：107—108.

[29] 聂进飞.卓越小学教师培养策略初探 [J].名师在线，2020（25）：88—89.

[30] 王淑华.关于小学卓越教师职前培养的研究与思考 [J].文化创新比较研究，2020，4（31）：13—15.

[31] 郑磊.中西方卓越教师比较下的小学师资培养研究[J].现代教育,2020(6):41—42.

[32] 韦文清.试析小学卓越教师现代教育技术能力的培养方法[J].新教育时代电子杂志(教师版),2020(45):190.

[33] 黄友初,马陆一首.小学全科型卓越教师的内涵、特征与培养路径[J].教育科学,2020,36(2):47—52.

后　记

　　不知不觉间，本书的撰写工作已经完成，我颇有不舍之情。因为本书是作者经历了大量资料查询与钻研后投入大量精力的作品，倾注了作者的全部心血，但是想到本书的出版能够为卓越小学教师的培养研究提供一定的帮助，作者颇感欣慰。同时，本书在创作过程中得到社会各界的广泛支持，在此表示深深的感谢！

　　本书在继承传统教学理论的基础上，充分吸收了卓越小学教师最新的研究成果与理论。希望本书能为教育工作者和即将走上教育岗位的学习者提供借鉴和启迪，并能对卓越小学教师的培养有所帮助。

　　对于本书的撰写，作者借鉴了很多前人的资料，在此深表敬意，对给予支持的领导、家人等致以诚挚的感谢。由于时间紧迫，经验不足，书中不足之处，恳请广大读者和专家批评和指正。